초보자를 위한
건축 수업

지은이   롤프 슐렝커, 카트린 그뤼네발트
옮긴이   정지인
펴낸이   한병화
펴낸곳   도서출판 예경
편 집   이나리
디자인   마가림

초판 인쇄   2014년 4월 18일
5판 발행   2018년 3월 30일

출판 등록   1980년 1월 30일 (제300-1980-3호)
주소   서울 종로구 평창2길 3
전화   02-396-3040~3 팩스 02-396-3044
전자우편   webmaster@yekyong.com
홈페이지   www.yekyong.com

ISBN 978-89-7084-518-0(03610)

ARCHITEKTUR FÜR EINSTEIGER by Rolf Schlenker and Katrin Grünewald
©2011 by Chr. Belser Gesellschaft für Verlagsgeschäfte GmbH & Co. KG, Stuttgart.

이 도서의 국립중앙도서관 출판시도서목록(CIP)은 e-CIP홈페이지(http://www.nl.go.kr/ecip)와
국가자료공동목록시스템(http://www.nl.go.kr/kolisnet)에서 이용하실 수 있습니다.
(CIP제어번호: CIP2014009472)

초보자를 위한

건축 수업

롤프 슐렝커, 카트린 그뤼네발트 지음 | 정지인 옮김

예경

목차

들어가는 말

이 책을 읽기 전에, 먼저 다음의 사진을 보자.

    건축에 관한 책의 첫머리에 스크럼을 짜고 있는 럭비 선수들의 사진이 왜 등장한 것일까? 이 혈기왕성한 젊은이들이 앞으로 고꾸라지지 않게 막아주는 것은 바로 피렌체 대성당의 돔이 무너지지 않게 해주는 것과 똑같은 힘이다. 물론 좀 더 자세하고 골치 아프게 설명할 수도 있겠지만, 굳이 그렇게 복잡하게 말하지 않아도 사실 누구나 이해할 수 있는 원리이다. 언젠가 에리히 케스트너는 "머리를 써서 단순하게 하는 사람이 있는가 하면, 머리를 써서 복잡하게 만드는 사람도 있다."고 말했다. 이 말은 SWR 방송사 문화국의 몇몇 제작진에게 자극제가 되어, 2009년에 '이제는 나도 척척박사'라는 프로그램이 탄생하게 되었다. 이 프로그램의 목표는 이른바 고급문화라 불리는 중요하고 복잡한 분야를 다음과 같은 방식으로 쉽게 풀이하는 것이었다.

- 초보자가 (아직은) 몰라도 되는 것은 모조리 뺀다.
- 꼭 알아야 하는 내용이라면 거품을 빼고 기본 개념만 남긴다.
- 그 기본 개념들을 누구나 이해할 수 있게 표현한다.

《초보자를 위한 건축 수업》은 바로 이러한 발상을 바탕으로 만든 두 번째 책이다. 이 시리즈인 첫 번째 책인 《톡톡톡: 초보자를 위한 미술감상 토크쇼》(2012, 예경)에서는 열네 점의 그림과 다섯 가지 장르만으로 1만 8000년에 걸친 미술의 역사를 어려운 전문용어는 하나도 쓰지 않고 설명했다. 이제 이 책에서는 아홉 가지 건축물과 다섯 가지 건축재료로 건축의 역사 전체를 설명하려고 한다. 이와 함께 여러분은 건축에서 가장 중요한 세 명의 주인공에 대해서도 알게 될 것이다.

그러니 이 책의 기본 공식은 '9-5-3'이다. 이 책을 다 읽고 나면 여러분은 건축이 왜, 언제 시작되었는지를 알게 될 것이고, 콘크리트가 현대의 건축자재가 아니라는 것도, 고층건물에서 멀미가 날 수밖에 없는 이유도 알게 될 것이다. 그리고 피렌체 대성당의 돔이 어떻게 옆 페이지 사진 속의 땀 범벅된 젊은이들의 어깨와 팔처럼 단단히 맞물릴 수 있는지에 대해서도 정확히 알게 될 것이다.

SWR 방송사 '이제는 나도 척척박사' 건축편 촬영 현장

SWR 방송사의 교양 프로그램 '이제는 나도 척척박사–건축편'에는 여러분을 흥미로운 건축의 세계로 이끌 두 명의 전문가가 등장한다. 바로 예술계과 건축 현장에서 각각 활약 중인 라이문트 뷘셰 교수와 안드레아스 힐트 교수이다. 이 두 명의 전문가는 프로그램에서 여러분을 대표하는 건축 초보자이자 진행자인 에니의 코치 역할을 해주었다.

라이문트 뷘셰 교수는 《톡톡톡: 초보자를 위한 미술감상 토크쇼》을 읽은 독자라면 낯이 익을 것이다. 뷘셰 교수는 1944년 바이에른에서 태어난 고고학자이자 미술사학자로 현재 뮌헨에 있는 글립토테크와 국립 고대미술관의 학예부장으로 일하고 있다. 뷘셰 교수는 건축의 시초부터 근대까지 일어난 많은 사건들을 속속들이 알고 있으며, 이 책에서 여러분에게 건축의 역사를 알기 쉽게 설명해줄 것이다. 또한 건축에 대한 미술사적 지식, 대규모 건설 프로젝트에서 종종 벌어지는 인간적인 사건들과 그 뒷이야기에 대해서도 들려줄 것이다.

또 한 명의 전문가인 안드레아스 힐트 교수는 1961년에 독일 함부르크에서 태어난 건축가로 1992년부터 뮌헨에서 건축사무실을 운영하고 있다. 힐트 교수는 이 책에서 현대 건축에 대한 설명을 맡았다. 그는 건축가로서 예리한 통찰력을 유지하

라이문트 뷘셰 교수

안드레아스 힐트 교수

면서 건축 이론과 실제 현장의 이상적인 조화에 대해 이야기해줄 것이다. 힐트 교수는 현장에서 건축물을 짓는 일뿐 아니라 학생들을 위한 쉽고 재미있는 강의를 하는 것으로도 유명한데, 최근에 그는 스위스의 취리히 응용과학대학에서 "집들은 어떻게 지내는가?"라는 무척 친근한 제목으로 건축 과정에 참여하는 모든 이들의 복잡한 상호작용에 관한 내용을 설명한 바 있다.

마지막으로 이 프로그램의 진행자인 에니는 여러분들과 마찬가지로 건축에 관심은 있었지만 이 주제를 깊이 파고들 시간이 부족했던 건축감상 초보자이다. 에니는 프로그램을 진행하는 동안 초기의 수상가옥부터 고대의 신전, 고딕 대성당과 현재 세계에서 가장 높은 건물인 두바이의 부르즈 할리파까지 두루 살펴보았고, 건축의 여러 재료와 건설 과정에 대한 이해를 하게 되었으며, 건축에 얽힌 많은 사람들에 관한 흥미진진한 이야기를 들을 수 있었다. 덕분에 이제 에니는 건축 분야 전체를 개관할 수 있는 눈을 가지게 되었다.

그녀가 그러했듯이 여러분도 아마 이 책을 다 읽고 나면 건축에 대한 전체적인 안목을 얻게 될 것이다. 그리고 이는 흥미로운 건축의 세계를 더 알고 싶게 만드는 계기가 되어줄 것이다. 그러니 일단은 이 책에서 소개하는 아홉 가지 건축물과 다섯 가지 재료, 그리고 건축의 세 주인공들이 만들어 내는 여러 이야기들에 귀를 기울여 보자. 여러분의 독서가 즐겁기를 바라며!

01

아홉 개의 건축물로
보는 건축의 역사

자, 이제부터 만만치 않은 질주가 시작될 테니 꼭 잡고 따라오길 바란다. 무려 1만1000년에 걸친 기나긴 건축의 역사를 단숨에 관통하며 쌩하니 달려볼 테니까.

긴 세월 동안 지어진 무수히 많은 건축물 중에서 일단 여러분은 아홉 가지만 알면 된다. 그 밖에 다른 건물들이 중요하지 않아서가 아니다. 이 아홉 가지 획기적인 건축물들만 알아도 여러분은 서양건축사의 굵직한 발달 계보와 기본적인 내용을 이해하게 될 것이기 때문이다. 그것만으로도 건축에 대한 기초를 훌륭하게 다질 수 있을 것이다. 자, 그럼 이제 출발!

스톤헨지

STONEHENGE

젖소와 채소는 어떻게 건축의 발달을 부추겼나

건축은 도대체 어쩌다 시작되었을까? 사람들이 처음으로 집을 짓고 싶다고 느낀 건 언제였고, 그 이유는 무엇이었을까?

잠시 우리 조상들이 살았던 곳을 머릿속에 그려보자. 그러면 그들이 집을 짓기 시작한 동기를 좀 더 잘 이해할 수 있을 것이다. 집 주위로 많은 이웃들이 모여 사는 현대의 거주지와는 달리, 옛날의 거주지에는 수많은 나무들과 키 작은 덤불들이 마치 바다처럼 사방으로 끝없이 펼쳐져 있었다. 그곳에서는 자동차 소음 대신 온갖 새들이 요란하게 지저귀는 소리가 들려왔고 들짐승 무리가 나무들 사이로 유유히 돌아다녔다. 그렇다면 사람들은? 우리의 조상들은 경계심 많은 들짐승 한 마리를 붙잡을 기회를 넘보며 만반의 준비를 갖추고 동물들의 뒤를 쫓고 있었다. 가죽으로 몸을 감싼 텁수룩한 남자들은 창과 돌도끼로 무장했고, 여자들은 어린아이들을 보살폈다. 초기 인류는 조금이라도 먹을 수 있는 것처럼 보이면 풀이든 열매든 뿌리든 닥치는 대로 채집했다. 그래서 우리는 그 시절의 사람들을 '수렵채집인'이라고 부르는데, 이 말에는 동물들의 이동 리듬에 맞춰진 그들의 생존방식이 잘 표현되어 있다. 원시인들은 돌출된 바위 밑이나 나뭇가지를 얽어서 오두막처럼 만든 임시 거처에서 잠을 잤다. 여기까지 설명을 들으면 여러분은 다음에 무슨 말이 나올지 짐작할 수 있을 것이다. 그렇다. 늘 이동하면서 살아야 하는 사람들은 집 따위는 짓지 않는다! 집이나 짓고 있을 만큼 한가하지도 않을 뿐더러 생활방식 역시 집에서 사는 것과 맞지 않는다.

그러다가 약 7500년 전에 우리가 살던 세계는 하나의 전환점에 도달했다. 사람들은 수렵과 채집에서 차츰 손을 떼기 시작했다. 너무 고달프고 불안한 생활방식에 지칠 대로 지쳐서 마침내 인류는 신석기시대로 들어섰다. 이 작은 한 걸음이 가져온 결과가 얼마나 극적이었던지, 학자들은 한 사회에서 일어난 거대한 변화들 가운데서도 가장 막강한 변화을 표현할 때 사용하는 단어로 이 사건을 설명한다. 바로 '혁명'이라는 단어다. '신석기 혁명'의 핵심은 드디어 우리 조상들이 정착생활을 하게 되었다는 것이다. 물론 '정착'이라는 단어를 들으면 변화나 활력보다는 '엉덩이에 굳은살이 박일 정도로 지루하게 눌러 앉아 있는' 이미지를 연상하는 사람도 있을 것이다. 하지만 이는 후대의 증기기관이나 컴퓨터의 발명만큼이나 근본적인 사회 변화를 몰고 왔다. 신석기 혁명으로 우리 조상들의 삶은 완전히 달라졌다. 인류 최초의 혁명을 일으킨 것은 매우 독창적이면서도 뻔한 두 가지 발상이었다.

발상 1. 긴 시간을 들여 짐승들을 쫓아다니며 사냥하는 대신 그중 몇 마리만 잡아 달아나지 못하게 울타리 안에 가둬두고 번식이 끊어지지 않을 정도로만 도살한다.

물 위에 집을 짓다 ·· 석기시대의 거주지들은 이 사진에 보이는 복원된 신석기시대 수상가옥(기원전 2500~기원전 1500년경)처럼 호수에 자리 잡고 있는 경우가 많았다. 하천은 사람들에게 풍부한 양식을 제공해주었으며, 부드러운 강바닥은 말뚝으로 지주를 세우기에 적합했다.

발상 2. 먹을 수 있는 식물을 찾으려고 매번 먼 거리를 힘겹게 돌아다니는 대신 뿌리째 뽑거나 씨앗을 모아서 자신들이 사는 곳에서 몇 걸음 떨어진 땅에 심고 수확을 기다린다.

이렇게 하여 인류 최초의 목축과 농업이 시작되었다. 사람들이 많은 집을 짓고, 그 기술을 계속 발전시켜 나가기에 적합한 시기가 도래한 것이다.

무엇으로 집을 지어야 하는가 하는 문제에 대해서는 주변 환경에 답이 있었다. 그곳에서 쉽게 구할 수 있는 것이 바로 건축재료였다. 예를 들어 보덴 호수 근방에는 나무가 풍부했는데, 물가에 사는 사람들은 그 목재를 가지고 수상가옥을 만들었다. 세계 어디에서나 하천이 가깝고 목재가 풍부한 지역의 사람들은 이와 비슷한 건축물을 지었다. 사람

신석기시대의 일상 ·· 신석기시대의 마을에서는 불을 지피는 자리가 중심점이었다. 불을 지피려면 부싯돌이 필요했는데, 부싯돌은 물건을 만드는 도구의 재료로도 쓰였다. 사진은 SWR 방송사의 신석기 실험 장면.

들의 머릿속에는 비슷한 지식들이 축적되어 있었고, 그것을 바탕으로 하나같이 유사한 집과 구조물을 만들어냈다. 정말 흥미롭지 않은가!

　서유럽에서는 이러한 발전이 기원전 6000년부터 기원전 5000년 사이에 시작되었는데, 다른 지역에서는 좀 더 빨랐다. 예컨대 터키에서는 이미 1만 1000년 전에 신석기 혁명이 시작되었고, 약 9000년 전의 것으로 알려진, 세상에서 가장 오래된 도시 유적 차탈회위크(Çatalhöyük)가 발견되었다. 오늘날 터키의 코니아에서 약 40킬로미터 떨어진 곳에 위치한 그곳에서는 신석기시대에 나란히 늘어선 직사각형의 집에서 수천 명의 사람들이 살았다. 당시 아나톨리아의 주된 건축재료는 목재가 아니었다. 그곳에서는 목재 대신 점토가 흔했고, 따라서 사람들은 점토로 벽돌을 만들어 집을 지었다.

차탈회위크 고원에는 몇 백 채의 집들이 다닥다닥 붙여 지어졌는데, 각 집에는 지붕 위를 지나갈 수 있는 통로가 있었고, 여러 층으로 이루어진 실내에는 부엌과 거실이 있었으며 벽에는 매력적인 프레스코화가 그려져 있었다. 이 모든 요소들은 아무렇게나 만들어진 것이 아니라 철저한 계획에 따라 지어졌다.

다시 말해 사람들이 동식물을 기르기 시작하면서, 인류 최초의 건축이 시작된 것이다. 우리에 갇힌 젖소와 정원에 기르는 채소들과 함께 건축은 생겨났고 그 뒤를 이어 주택 건축에 필요한 도구들과 무기, 도자기와 가구, 패션과 악기 등이 만들어졌다. 한마디로 오늘날 우리가 '문

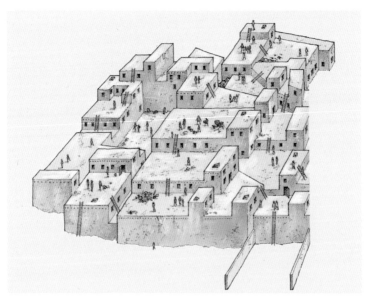

초창기의 거대 취락 ·· 아나톨리아의 비옥한 고지대에 있는 차탈회위크 유적을 부분적으로 재구성한 그림. 당시 도시에는 도로가 존재했고 점토로 지은 집들이 서로 빽빽하게 늘어서 있었다.

화'라는 말로 표현하는 거의 모든 것이 바로 이때 시작된 것이다. 그야
말로 혁명적인 사건이었다.

영국 남부의 스톤헨지

기원전 3000년경 영국 남부 솔즈베리 부근의 척박한 고원지대에 살던
사람들에게 과연 종교가 있었는지, 만약 있었다면 그들은 어떤 신들을
섬기고 기도하고 또 제의를 치렀는지에 관해 현재의 우리는 정확히 알
수 없다. 어쨌든 그들은 거대한 암석덩이들을 가지고 주택으로도 가축
우리로도 창고로도 쓸 수 있는 아주 어마어마한 구조물을 만들어놓았
다. 바로 스톤헨지다. 이 불가사의한 건축물은 지름 약 115미터의 원형
구덩이로 이루어졌으며, 그 내부에는 높이가 약 7미터까지 이르는 거
석들이 놓여 여러 개의 동심원을 이룬다.

　"사람들은 신들과 맞먹을 정도로 거대한 무언가를 만들기 원했고,
이러한 생각과 함께 건축이 시작되었습니다. 반드시 그렇게 해야만 하
는 중요한 이유가 없었다면, 사람들은 스톤헨지 같은 엄청난 축조물을
만들지 않았겠지요. 추측컨대 어떤 숭배 의식이 중요한 역할을 했을 겁
니다. 하지만 그들로 하여금 스톤헨지를 건설하게 한 종교가 과연 무
엇이었는지에 대해서는 아직 정확히 알 수가 없습니다." 뷘셰 교수가
설명한다. 신석기 사람들은 단순한 석기나 목재 도구만으로도 이렇게
엄청난 업적을 남겼다. 스톤헨지를 만드는 데는 수백만 시간에 달하는
노동시간이 투입되었을 것이다. 더 놀라운 점은, 안쪽의 원을 만드는
데 사용된 '블루스톤'이라는 암석이 스톤헨지 부근이 아니라 그곳에서

스톤헨지

건축 시기 기원전 3100년~기원전 1700년

특징 스톤헨지는 오랫동안 신전으로 사용된 건축물이다. 신석기시대의 다른 환상열석 기념비들과 비교해볼 때, 이 같은 말발굽 형태는 매우 드물다고 할 수 있다. 또한 이곳은 목조건축의 전형적인 양식이 석조건축으로 옮겨가는 과정을 잘 보여주는 장소이기도 하다. 수직으로 세워진 바위들을 가로로 연결하며 놓여 있는 문미석이 이러한 사실을 잘 보여준다.

240킬로미터 가량 떨어진 웨일즈 지방의 채석장에만 존재한다는 사실이다. 블루스톤의 무게는 최대 5톤까지 나갈 뿐 아니라, 이곳에서 30킬로미터 떨어진 채석장에서 가져온 사암들 역시 무려 40톤이나 되었으니 우리에게 많은 의문이 생기는 것은 어쩔 수 없다. 신석기시대 사람들은 그렇게 거대한 암석을 이렇게 멀리 떨어진 곳까지 어떻게 옮겨왔을까? 도대체 어떤 방법을 썼을까? 수천 년이 흘렀지만 사람들은 아직도 이 질문에 대한 속 시원한 해답을 얻지 못했다. 우리는 119페이지에서 이에 관한 몇 가지 흥미진진한 이론들을 살펴볼 것이다.

스톤헨지는 기원전 3100년경에 건설되기 시작했으며 이 작업은 약 1400년 동안이나 계속되었다. 기원전 2600년경에는 여기에 아주 흥미로운 사항이 추가되었다. 바로 환상열석(環狀列石)으로 들어가는 입구의 북동쪽에 약간의 거리를 두고 '힐스톤(뒤꿈치바위)'이라 불리는 바위가 하나 세워진 것이다. 신비로운 것에 관심이 많은 사람들은 바로 이 바위 때문에 스톤헨지를 찾아간다. 일 년에 딱 한 번, 하지인 6월 21일 무렵에 환상열석의 중심에서 서보면 태양이 정확히 그 바위 뒤에서 떠오른다. 이것은 우연일까? 그렇지 않다. 선사시대에 이미 천문관측이 행해졌음을 보여주는 증거들이 유럽 도처에 존재한다. 예컨대 오늘날의 고제크(작센안할트 주)에 살던 신석기인들은 이미 약 7000년 전에-그러니까 힐스톤보다 2000여년 전에-그와 유사한 체계를 따른 거대한 원형 목재 울타리를 세웠다. 이곳에서는 일 년에 딱 하루, 동지인 12월 21일 무렵에 태양이 정확히 울타리의 문 위로 떠올라 또 다른 문 뒤로 진다. 그렇다면 이 모든 것은 무엇을 말하는 것일까? 동지가 언제인지 정확히 알 수 있다면, 그날부터는 낮의 길이가 다시 길어지는 것이니 사람들은 식물의 생장기가 언제 시작되는지를 정확히 알 수 있고 파종도 준비할 수 있다. 하지 날짜를 아는 것도 마찬가지다. 낮이 다시 짧아지기 시작한다는 것은 곧 수확을 생각해야 할 때가 왔음을 의미하는 것이다. 따라서 이것은 스톤헨지의 건설 목적 중에 적어도 한 가지를 우리에게 알려준다. 환상열석은 태양관측소의 역할을 했고, 이와 더불어 최초의 달력 기능도 했다. 이는 몽둥이를 휘두르는 지저분한 미개인들만 살았을 것 같은 시대가 남긴 탁월한 과학적 성취였다.

달력을 건축하다 ·· 하짓날에 태양은 힐스톤 위로 떠오른다. 사암으로 이루어진 이 거석은 높이가 4.7미터로
스톤헨지의 다른 거석들보다는 낮다.

파르테논

PARTHENON

선진국과 후진국이 지금과는 반대였던 시절

오늘날 이스라엘과 시리아, 터키 남부, 이라크 그리고 이란이 위치한 '비옥한 초승달 지역'에서는 약 1만1000년 전에 신석기 혁명이 일어났다. 그런데 이 혁명이 오늘날의 서유럽에 해당하는 지역에 도달하기까지는 그로부터 3500년이 더 걸렸다. 지구의 북반구에 부유한 선진국들이 몰려 있고 남쪽에는 비교적 가난한 개발도상국들이 몰려 있는 오늘날의 세계와는 정반대로, 당시에는 남쪽 지역이 고도로 발달했으며 북쪽 지역의 문명은 훨씬 뒤처져 있었다. 예를 들어 기원전 2600년경에 스톤헨지를 건설하던 신석기인들은 4.7미터의 힐스톤을 수직으로 세우려고 끙끙거리며 애를 썼지만, 이집트인들은 그와는 비교도 안 되는 수준으로 약 150미터 높이의 피라미드들을 건설했다. 당시에는 남쪽의 문명이 훨씬 앞서 있었으며, 특히 지중해 내륙의 비옥한 지역에서는 미노스와 이오니아, 페니키아, 이집트, 페르시아 등 고대 문명들이 차례로 일

기자의 피라미드 ·· 건축의 역사는 기념비적인 신전들과 함께 시작되었다.

어났다. 사실 이 시기에 '문명이 고도로 발달했다'는 것은 '문화가 매우 발전했다'를 뜻하는 것이 아니라, '수많은 정복과 전쟁으로 피에 물든 시대였다'는 것을 의미한다.

그러다가 기원전 8세기, 이 문명들 중 하나가 저만치 훌쩍 앞서나 가기 시작했다. 그리스인들이 지중해 연안에 수많은 도시국가들을 차 례로 건설하기 시작하면서 무역을 장악해나간 것이다. 그 결과 그리스 문명은 다른 문화권에서 비슷한 예를 찾기 어려울 정도로 승승장구했 다. 고대 그리스에서는 과학부터 수학, 천문학, 철학, 건축, 조각, 문학, 연극 등 모든 분야가 오늘날까지도 깊은 존경을 표할 수밖에 없을 정 도로 완벽한 경지에 도달했다. 그러니 어린아이들도 알만큼 유명하고, 고대를 대표하는 건축물이 이곳에 있는 것도 당연한 일이 아닐까? 바 로 파르테논 신전 말이다. 잠깐, 아크로폴리스가 아니냐고? 아니다. 아

아크로폴리스 ·· 아테네의 성산(城山) 아크로폴리스는 경사가 가파른 바위 고원으로, 오랜 옛날부터 사람들이 거주했으며 침략을 방어하기에 유리한 위치이다.

크로폴리스는 멀리서도 한 눈에 보이는 파르테논이 서 있는 산을 일컫는 말이다.

아테네의 파르테논

역사에서는 종종 한 가지 재앙이 휩쓸고 지나가면 그 뒤를 이어 전성기가 찾아오곤 한다. 기원전 480년에 아테네는 페르시아 군대에 포위되어 거의 초토화되었다. 그러나 바로 그 시기에 아테네의 지도자 페리클레스는 산 위의 신전을 새롭게 구상했다. 그리하여 지어진 신전은 아테네의 상징물이 되어 오늘날까지도 그 건축물을 실제로 본 사람들에게 지울 수 없는 깊은 감명을 안겨준다. 156미터 고도의 석회암 고원에는 눈부시게 하얀 펜텔리 대리석으로 지어진 신전이 높게 솟아 도시를 내려다보며 서 있다. "이 신전은 멀리 바다 위에서도 한 눈에 들어왔고, 그걸 보는 순간 사람들은 강력한 나라가 그곳을 지배하고 있다는 걸 알 수 있었죠." 힐트 교수가 설명한다. "이것이 바로 위압의 건축입니다." 바다에서도 보인다는 그 거대한 건물은 길이가 약 70미터에 달하는 파르테논 신전이다. 파르테논을 글자 그대로 옮기면 '처녀의 방'이라는 뜻으로, 아테네의 수호신인 아테나 여신에게 바쳐진 신전이다. 아테나 여신은 극도로 쾌락적인 신들 사이에서 순결함으로 높은 존경을 받았다는 사실만으로도 돋보이는 존재였다. 그래서 신전 내부의 신상 안치소에는 높이가 약 12미터에 달하며 황금과 상아로 만들어진, 거의 신전 전체의 건설비와 맞먹는 비용이 들어간 매우 커다란 조각상이 자리 잡고 있었다. 그러나 이 예술작품은 로마 말기에 도난당해 콘스탄티노플로 옮겨졌고, 그 뒤로 자취를 감췄다.

하지만 이 조각상의 모습을 궁금해 할 사람들에게 알려줄 흥미로운 정보가 있다. 그리스 출신의 문필가 파우사니아스가 서기 160년부터 175년 사이에 그리스 전역을 여행하고 쓴, 여행안내서의 원조《그리스 이야기》를 살펴보자. 오늘날에도 많은 관광객들이 그리스를 여행할 때 이 고전적인 여행서를 들고 다니는 걸 좋아한다. 사람들은 고대 문명의 폐허더미 앞에 서서, 그 폐허가 아직 온전한 건물이었던 당시 모습을 묘사한 기록을 읽으며 상상의 기쁨을 누리는 것이다. 파우사니아스는 사라져버린 아테나 조각상에 대해 이렇게 전한다. "그 조각상은 상아와 황금으로 만들어졌다. 투구의 중심에는 스핑크스가 보이고 (……) 양옆에는 그리핀이 양각되어 있다. (……) 아테나 조각상은 똑바로 서 있고 발까지 끌리는 키톤을 입고 있으며 가슴 위에는 상아로

파르테논

건축가 익티노스와 칼리크라테스
건축 시기 기원전 447년~기원전 432년
특징 넓은 전면에 기둥이 여섯 개가 아니라 여덟 개가 세워진 것이 이전의 건축 양식과 달라진 점이다. 건물은 지붕까지 포함하여 모두 대리석으로 만들어졌다. 이 신전은 부강함을 과시하기 위해 거대한 도리스식 기둥들로 장식되었는데, 신전 내부에 위치한 신상 안치소 역시 고리 모양으로 늘어선 기둥들에 둘러싸여 있었다.

만든 메두사의 머리가 있다.”

"그렇다면 신전에서 하는 일은 무엇일까요?" 뷘셰 교수가 수수께끼를 내는 듯한 표정으로 질문을 던진다. 사람들은 대부분 "당연히 신들에게 기도하는 것"이라고 대답하지만, 사실 이는 정답이 아니다. 그리스의 신전은 바로 이 부분에서 기독교의 교회와 근본적으로 다르다. 교회에서는 사람들이 모여 함께 기도하거나 찬송가를 부르고 설교를 듣지만, 고대의 신전은 아무나 들어갈 수 없는 곳이었다. 신전 출입은 안에서 제의를 올리고 신상 앞에 봉헌물을 가져다두는 사제들에게만 허용되었다.

고대 아테네의 높은 지대에 자리한 이 거대한 건축물이 오늘날까지 사람들을 매혹시키는 것은 무려 2500년 전에 이토록 정밀한 작업을 해냈다는 경이로움 때문이다. 당시 건설현장에는 케이블윈치와 도르래 등 기발한 기술들이 갖춰져 있었을 뿐 아니라, 고대 그리스의 건축가들과 석수들은 우리가 믿기 어려울 정도로 정교한 솜씨를 자랑했다. 예를 들어 신전의 거대한 기둥들은 여러 개의 돌덩어리들을 끼워 맞춰 만들어졌는데, 어찌나 정확하게 다듬어졌는지 그 이음매 사이로 칼날 하나도 들어가지 않을 정도다. 건축기술에 못지않게 경이로운 것은 고대의 건축기술자들이 이 프로젝트에 도입한 '만곡(Kurvatur)'과 '경사(Inklination)' 그리고 '배흘림(Entasis)'이라는 시각적 속임수들이다.

속임수 1. '만곡'은 곡(曲)이라는 글자가 들어 있는 것으로 알 수 있듯이, 원래 직선인 건물의 평면을 살짝 굽게 만든다는 뜻이다.

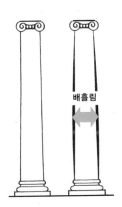

배흘림

화려한 고대 건축 ·· 고대 그리스의 신전 건축 대부분이 그렇듯 파르테논 역시 위 그림에서 보는 것처럼 화려한 색채로 꾸며졌다.

여신을 위한 신전 ·· 파르테논은 아테나 여신에게 봉헌되었다. 위 그림에서 분명히 보여지듯 아테나 여신은 이 신전의 내부에서 가장 성스러운 공간인 신상 안치소에서 고귀한 조각상의 모습으로 옥좌를 차지하고 있었다.

에렉테이온의 여인들 ‥ 아테네가 페르시아와 싸워 승리한 후, 페리클레스의 지도 아래 아크로폴리스는 완전히 새롭게 다시 만들어졌다. 에렉테이온을 짓는 일도 그 계획의 일부였다(기원전 421~기원전 406년경 건설). 이 신전의 남쪽에는 기둥 대신 '카리아티데'라고 불리는 여상주(女像柱)들이 들보의 역할을 하고 있다.

　　속임수 2. '경사'는 벽이나 기둥이 안쪽으로 살짝 기울어진 것을 나타낸다.

　　속임수 3. '배흘림'이란 기둥의 아래쪽을 의도적으로 부풀리는 것을 나타내는 말이다.

　　이런 눈속임 기법을 사용하면 구조물의 견고함과 각도의 예리함이 약화되는 측면은 있었지만 대신 건축물이 더 조화롭고 생동감 있어 보였다. 사실 이 차이는 겨우 몇 센티미터밖에 되지 않아 보는 사람들은 명확하게 인지하기가 어려우며, 잠재의식만이 겨우 감지하는 정도일 것이다. 그리스의 건축기술자들은 가능한 '최고 수준의 균형과 조화'를 절대적인 이상으로 삼았다. 그들은 미묘한 부분의 시각적 지각에 관한 분명 오늘날의 우리보다 훨씬 예민한 감각을 지니고 있었다. 어쩌면 '절대 음감'과 유사한, 그러니까 '절대 시각' 같은 것이 당시 사람들에게는 있었는지도 모른다.

발전은 계속된다

고대 지중해 지역은 앞에서도 말했듯이 문화적으로는 대단히 높은 수준에 도달해 있었지만 안타깝게도 사람들 사이가 몹시 험악했다. 그리스의 크고 작은 나라들은 화합하지 않고 늘 싸웠다. 그러다가 어느 시기가 되자, 새롭고 강력한 역사의 주인공들이 무대에 등장하기 시작했다. 로마는 제2차 포에니 전쟁(기원전 218년~기원전 201년)에서 카르타고를 정복한 후 지중해권의 강자로 부상했고, 몇 십 년 뒤(기원전 146년)에는 그리스를 꿀꺽 삼키고 마케도니아까지 로마의 영토라 선언했다. 영화《쿠오 바디스》나《글래디에이터》를 본 사람이라면 그 후의 일을 잘 안다고 생각할 것이다. 잔인한 로마인들은 자신들에게 반대하는 그리스인들을 모두 십자가에 못 박았고, 인구의 상당수를 노예로 만들었으며, 그 나머지 사람들도 무자비한 징세로 괴롭혔다고 말이다. 하지만 실제로 벌어진 일은 이와 상당히 달랐다. 로마인들은 그리스의 문화를 자신들의 문화 속으로 흡수하기 시작했다. 가장 잘 알려진 예가 신들의 세계다. 그리스 신화의 제우스는 로마 신화의 유피테르가 되었고, 포세이돈은 넵투누스로, 아프로디테는 베누스로, 아테네는 미네르바가 되었다. 로마인들은 그리스의 건축과 기둥 건축기술도 열심히 연구하여 테베레

오락을 위한 원형경기장 ·· 서기 73년부터 80년 사이에 건설된 로마의 콜로세움은 관객을 6만 명까지 수용할 수 있었고, 총 네 개의 층으로 이루어진 거대한 고대 원형극장이었다. 1층은 도리스식, 2층은 이오니아식, 3층은 코린트식의 반벽기둥으로 장식되었다.

강가까지 그 지식을 가져왔다. "로마인들은 실용주의자들이었습니다." 뷘셰 교수가 설명한다. 그들은 그리스 문명의 뛰어난 기술을 채택하고 모방하여 더욱 발전시켰다. 그전에도 로마인들은 다른 민족에게서 건축기술을 배운 적이 있었다. 그들은 바로 토스카나와 라치오, 움브리아를 아우르는 중부 이탈리아를 지배하던 에트루리아인들로, 로마에 합병되기 전에 이미 아치와 돔을 만들 수 있는 기술을 지니고 있었다.

로마인들은 그리스의 기둥과 에트루리아의 돔이라는 두 가지 요소를 융합하여 자신들만의 새로운 건축 양식을 만들어냈고, 이를 통해 로마의 콜로세움과 포룸 로마눔, 그리고 프랑스 남부에 있는 가르교(123페이지 참조) 등이 탄생했다.

그렇게 로마는 500년이 넘는 세월 동안 당대의 유행을 좌지우지

했다. 하지만 끊임없는 정복과 확장, 방어와 보호 조치에는 피할 수 없는 희생이 따랐다. 너무 거대해지고 통제가 불가능해진 로마제국은 서기 395년에 서로마제국과 동로마제국으로 분열되었다. 그 후 서로마제국에서는 고트족과 반달족이 계속해서 약탈을 일삼고 새로운 종교인 기독교가 막강하게 부상하여 제국이 분리된 지 겨우 81년 만에 마지막 황제가 제위에서 물러났다. 이로써 고대세계 역시 종말을 맞이했다.

인류의 역사도 방향을 틀기 시작했다. 그리고 이때부터 변화의 바람은 남쪽 문명권이 아닌 북쪽에서 불어왔다.

고대 로마의 중심 ·· 포룸 로마눔은 로마의 황제들에 의해 제국의 광장으로 확장되었다. 사진 왼쪽으로 가장 나중에 세워졌으며 608년에 포카스 황제에게 봉헌된 기둥이 보인다. 가운데에는 티투스 개선문이 있고, 그 아래쪽으로 베스타 신전이 있으며, 오른쪽으로는 현재 세 개의 코린트식 기둥만 남아 있는 디오스쿠로이 신전이 있다.

Q&A 고대의 건물에는 왜 이렇게 기둥이 많을까?

고대 그리스 사람들은 햇빛을 피해 돌아다닐 수 있는 열주랑을 비롯하여 기둥들로 둥글게 둘러싸인 형태의 신전을 즐겨 지었다. 이 신전들을 잘 살펴보면 기둥이 그 위에 가로로 놓인 들보를 떠받치는 역할을 하고 있다는 것을 한 눈에 알 수 있다. 돌로 된 기둥들은 목조건축 양식을 따르고 있는데, 그 이유는 고대 그리스의 초기 신전들의 기둥을 목재로 만들었기 때문이라고 추측된다. 기둥을 이루는 각 부분들, 그러니까 주초(Basis)와 주신(Schaft), 주두(Kapitell) 역시 목조건축에서 파생된 것이다. 주두는 원래 들보 밑에 끼워 넣던 나무판이었다.

고대의 기둥에는 표준 형태가 된 몇 가지 양식이 있다. 그리스의 가장 중요한 기둥 양식들은 도리스식과 이오니아식, 코린트식으로 분류된다. 로마의 건축이론가 비트루비우스는 여기에 다음과 같은 의미를 부여했다. 그는 도리스식 기둥은 남성적인 힘을 표현하고, 이오니아식은 여성성을, 코린트식은 순결한 우아함을 표현한다고 보았다(비트루비우스, 《건축10서》 4권 1장). 19세기에 이르기까지 건축가들은 고대 기둥 양식의 올바른 구축과 사용에 관한 비트루비우스의 생각들을 깊이 탐구했고, 이 생각들은 미스 반 데어 로에나 데이비드 치퍼필드 등 현대의 여러 건축가들에게 중요한 영향을 미쳤다.

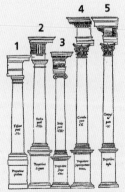

엄격한 비례체계를 따르는 그리스의 주요 기둥 양식
1. 도리스식 3. 이오니아식 4. 코린트식

로마의 건축술에서 추가된 두 가지 새로운 기둥 양식
2. 토스카나식 5. 혼합 양식

마리아 라흐 수도원 성당

MARIA LAACH ABBEY

영혼 구제를 위한 문화와 기술의 중심지

이제 서기 30년의 세상으로 시선을 돌려보자. 로마의 폰티우스 필라투스 총독은 자신이 어느 유대인 목수의 손과 발목에 박은 못들이 훗날 로마제국의 관을 봉하게 될 못이라는 걸 알았을까? 만약 알았더라면 그는 과연 다른 결정을 내렸을까? 당시 아직은 세력이 약했던 이 종교 운동 지도자와 협상하여, 그를 사면해주고 자신의 통제하에 두려고 할 수도 있지 않았을까? 그러나 총독은 그렇게 하지 않았고 결국 역사는 우리가 아는 그대로 흘러왔다. 당시 사람들에게 기독교의 교리는 로마 시민이 되는 것보다 훨씬 매력적으로 느껴졌던 모양이다. 그리하여 훗날 로마제국과 로마의 신들을 한꺼번에 몰아낼 거대한 종교가 탄생하는 움직임이 시작되었다.

역사는 476년에 서로마제국의 황제가 물러남과 동시에 고대가 완전히 끝나고, 그 다음 해인 477년부터는 새로운 시대가 열리는 식으로

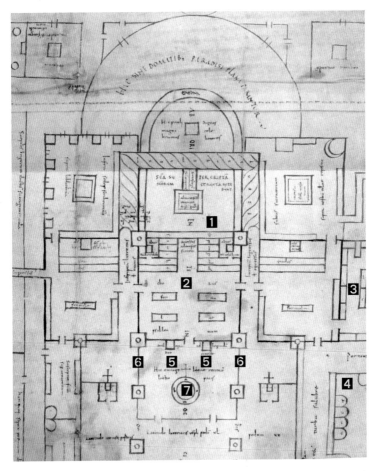

이상적인 설계도 ·· 9세기 초의 장크트 갈렌 수도원의 설계도는 베네딕토 수도회의 지극히 주도면밀하고 세밀한 수도원 시설을 보여준다. 여기에서 우리는 수도원 교회의 성가대석 **1**과 교차랑 **2**, 그리고 중앙에서 오른쪽에 난방실 **3** 일부와 아래쪽 모퉁이 부분에 십자회랑 **4**을 알아볼 수 있다. 교차랑 기둥들 **6** 사이에 있는 두 개의 성서대 **5**와 가운데의 돌로 된 설교단(십자가 표시와 붙어 있는 원) **7** 사이에는 "이곳에서 복음서의 평화의 메시지를 읽는다."는 글귀가 적혀 있다.

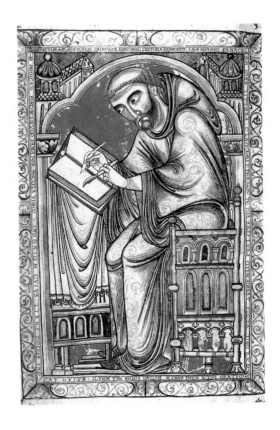

수도원 생활 ·· 필사하고 있는 수도사 에드위누스. 1170년경 영국에서 만들어진 책의 삽화. 중세의 수도원에서는 성서뿐 아니라 학문적 저술들도 필사하여 세대를 이어 보존했다.

전개되지 않는다. 로마가 강대국의 위치에서 물러난 뒤 다시 세계적으로 정치적인 균형 상태가 회복되기까지는 몇 백 년이 더 필요했다. 마침내 새로운 균형 상태을 만든 것은 다음의 세 가지 요소였다. 첫째는 오늘날의 이스탄불에 해당하는 콘스탄티노플을 수도로 한 동로마제국이고, 둘째는 700년경 아프리카를 넘어 스페인까지 치고들어가 마침내 중부 유럽까지 위협했던 이슬람교도 아랍인들이었다. 그러나 이런 아랍인들의 위협은 세 번째 요소인 프랑크 왕국이 732년 샤를 마르텔의 지휘하에 전설적인 투르-푸아티에 전투에서 승리하면서 저지되었다. 몇 세기에 걸쳐 이러한 혼란상이 펼쳐지는 동안, 수천 킬로에 이르는 도로들을 통해 연결된 속주들과 수비대를 갖고 있었던 거대한 로마 제국은 붕괴하고 말았다. 사람들은 무너진 도시에서 다시 시골로 떠났고, 그곳에서 완전히 새로운 지역 문화와 기술의 중심지를 발전시켰다. 바로 '폐쇄된 장소'라는 뜻의 라틴어 'claustrum'을 어원으로 하는 수도원(Kloster)이었다.

발전의 촉매가 된 인물은 누르시아의 베네딕토로, 동료 성직자들의 부도덕한 처신에 혐오감을 느낀 그는 529년에 이탈리아의 몬테카시노에 수도원을 세웠다. 그때부터 베네딕토 수도회라 불린 이 수도회의 신조는 잘 알려진 바대로 "기도하고 일하라."이다. 수도사들의 일상도 이에 맞게 짜여졌다. 수도사들은 하루의 많은 시간을 기도와 묵상으로 보냈고, 그에 맞먹는 시간이 경제생활을 뒷받침하는 고된 육체노동에 할애되었다.

수도원들은 국가의 조직들이 무너진 뒤 제대로 책임질 주체가 사라진 모든 사회적 과제들을 차츰 하나씩 떠맡게 되었다. 농사와 교육, 학교 운영, 연구, 의학 등 한마디로 수도사들이 모든 일을 했다. 고문서 필사부터 의약품 개발과 유용식물 재배, 맥주 양조까지 수도사들의 일에 포함되었고, 지역이 외세의 위협을 받을 때는 마치 요새와 같은 수도원 건물이 농민들에게 피신처가 되어주었다. 종교기관이자 경제의 중심지, 혁신적인 종자은행이자 군사적 요새의 역할까지 이 모든 것이

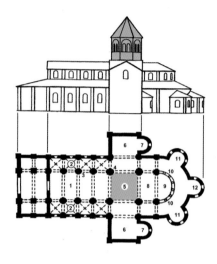

로마네스크 양식 교회의 평면도와
건물 외관의 이상적 설계 ‥

1. 신랑
2. 측랑
3. 기둥
4. 교차랑 기둥
5. 교차랑
6. 익랑
7. 익랑 예배실
8. 내진
9. 후진
10. 주보랑
11. 제실
12. 중앙제실

복잡하게 결합되었던 수도원은 당시 사회에서 대단히 중요한 장소였다. 또한 수도원들의 네트워크는 최북단의 아일랜드부터 최남단의 시리아까지 두루 걸쳐 있었다. 즉 당시에 교회의 권위는 지역을 초월하여 강력한 힘을 발휘했다. 그에 비해 왕이나 귀족 같은 세속적 지배자들의 권력은 기껏해야 이웃나라와의 접경지에서 몇 킬로미터만 가도 힘을 잃고 말았다.

시간이 흐름에 따라 기독교 신앙에도 다양한 종파들이 생겨났지만, 많은 수도원들을 통합하는 특징이 하나 있었다. 바로 수도원 건축의 구조였다. 외벽으로 둘러싸인 수도원의 밀폐된 공간은 베네딕토 수도회의 규칙에 따라 취침동과 식당, 주방, 지하실, 제분소, 제빵소, 종묘장, 병동, 예비 신부를 위한 학당, 영빈관, 현관, 경당, 수도사나 수녀들을 위한 예배당으로 이루어졌다. 5세기부터 수도원 건축은 서서히 우리가 오늘날 '로마네스크'라고 부르는 하나의 양식을 형성해가기 시작했고, 이 양식은 서기 1000년부터 13세기 중반 사이의 건축에서 특징적으로 나타났다.

사실 로마네스크에 '로마'라는 단어가 들어 있는 데는 그럴 만한 이유가 있다. 새로운 지배자가 된 기독교도들이 자신들의 전임자였던 이교도들의 업적과 흔적을 계승했기 때문이다. 교회건물에 로마식 기둥을 포함시키거나, 로마네스크 양식의 전

실용적인 건물 ·· 고대의 바실리카는 은행과 법정이 있고 상점들도 딸려 있는 공공건물이었다. 긴 직사각형 홀은 대단히 많은 수의 사람들을 수용할 수 있었다. 바실리카 아이밀리아(기원전 179년에 착공)는 로마의 포룸 로마눔에 있는 공공건물 중 가장 오래 사용된 건물 중 하나로 꼽힌다. 바실리카 아밀리아의 복원을 위한 모형, 2005년.

형적인 특징 중 하나인 반원형아치 기술을 사용하는 것이 인기를 끌었다. 뷘셰 교수는 "하지만 주의하세요. 로마네스크 양식에는 언제나 반원형아치가 있지만, 반원형아치가 무조건 로마네스크 양식인 것은 아니랍니다!"라고 설명한다. 로마네스크시대 이후에도 반원형아치는 서양 건축에서 즐겨 사용되었기 때문이다.

로마의 것 중 특히 서부 유럽에서 계승된 또 하나의 양식은 '바실리카'라는 건물 형태였다. 그리스어에서 온 바실리카라는 단어는 '왕의 홀'을 의미했는데, 아마도 그 건물들이 주로 군주들이 기부한 것이기 때문인 듯하다. 바실리카는 고대 로마에서 재판이나 시장이 열리던 거대한 홀이었다. 이 건축물은 새로운 종교에 꼭 필요한 요소, 즉 넓은 공간으로 쓰기에 적합했다. 선택된 사제 몇 사람만 들어갈 수 있었던 고대의 신전과는 대조적으로 하느님의 집에서는 모든 신도들에게 자리를 제공해야 했기 때문이다.

마리아 라흐 수도원 성당

건축가 미상
건축 시기 1093년~13세기 초
특징 마리아 라흐 수도원은 슈파이어와 마인츠, 보름스에 있는 황제 대성당들과
더불어 독일에 있는 로마네스크 건축물의 진수로 꼽힌다. 이 수도원은 높이 솟은
여섯 개의 탑이 특징이다. 로마네스크 양식의 건물들 중에서 석재의 색상 대조(황
토색 응회암과 푸른색 현무암)가 이렇게 효과적으로 사용된 예는 드물다.

독일의 마리아 라흐 수도원

독일에 있는 마리아 라흐 수도원의 웅장한 모습을 직접 보면 '이 많은 건축비는 도대체 누가 냈을까?'하는 궁금증이 저절로 생긴다. 교회에 내는 세금이 따로 있었던 것일까? 하지만 당시 가난했던 농민들에게서 충분한 자금을 끌어내기는 어려웠을 것이다. 그래서 다른 자금조달 방법이 마련되었는데 바로 건립기금 헌납제도였다. 마리아 라흐 수도원은 1093년, 궁중백(宮中伯) 하인리히 폰 라흐 2세가 건립했다. "그것은 당시 영생을 얻기 위한 가장 유망한 보험이었습니다."라고 뷘셰 교수가 설명한다. 수도사들은 막대한 돈을 투자한 헌납자들을 고맙게 여겨 매일 같이 그의 영혼 구제를 위한 기도를 올리게 되는데, 이는 당시 사람들의 관점에서 천국에 갈 수 있는 가능성을 현저히 높여주는 일이었다. 이런 축복기도 서비스는 부유한 이들에게 대단한 매력을 발휘했으므로 헌납제도는 계속해서 성행했고, 이에 따른 교회의 그물망도 점점 더 촘촘하게 짜여져나갔다.

오늘날 마리아 라흐 수도원 지도부가 이러한 역사적 관행을 되살려놓은 방식은 무척 흥미롭다. 마리아 라흐 수도원의 홈페이지에 들어가 '수도원(Kloster)'이라는 항목을 클릭해보면 '기도신청서 보내기(Gebet-sanliegen senden)' 버튼이 있다. 그걸 클릭하면 전자우편 서식이 뜨는데, 이렇게 보내진 신청서를 프린트하여 교회의 회랑에 걸어둔다고 수도원의 언론담당자인 페트루스 신부가 설명해주었다. 이 신청서를 통해서 누구나 수도원 교회를 방문하는 사람들에게 축복기도를 받게 되는 것이다. "중세적 사고의 현대적 형식이지요."라고 페트루스 신부는 말한다.

마리아 라흐 수도원은 중세의 전통을 또 하나 유지해오고 있는데,

신의 성 ·· 마리아 라흐 수도원 성당(1093년 착공)은 밖에서는 마치 성처럼 보인다. 마리아 라흐에는 사제석이 두 군데 있는데, 동쪽 사제석은 성직자들을 위한 자리이고 서쪽 사제석은 세속의 군주를 위한 자리다. 서쪽 파사드 앞에 가로로 길게 자리 잡은 '파라디스(본당 입구 앞의 넓은 홀)'는 미사 때 사용하기 위한 것으로 이미 초기 기독교 건축에서도 만들어졌다.

이것이 바로 오늘날까지 이곳이 베네딕트회 수도원으로 남아 있는 이유이다. 무슨 말이냐 하면, 이곳에서는 '기도하고 일하라.'라는 규칙이 여전히 적용된다는 것이다. 수도원은 가구제조소와 양어장, 주종소(鑄

鐘所), 금속세공실, 친환경적으로 채소와 과일을 재배하는 농원까지 갖추고 있어, 예나 지금이나 자급자족하고 있는 상업적 중심지이다. 여기에 도서와 미술 출판업, 수도원 상품과 농산물을 판매하는 상점, 호텔과 요식업까지 운영하고 있고, 최근에는 장화 대여업까지 추가되었다.

로마네스크건축 양식의 기초는 에트루리아인들의 한 천재적인 발상에서 탄생했다. 그것은 돌을 서로 포개거나 맞대어 아치를 만드는 데 그치지 않고, 이것이 무너지거나 미끄러져 빠지는 일이 없을 정도로 정확하게 서로 맞아들어가게 끼워넣는 것이었다. 물론 여기에도 한계는 있었다. 구조상 직선 위에 위치하는 아치는 늘 반원형일 수밖에 없었다. 따라서 아치를 더 높게 만들려면 그 지름도 넓혀야만 했다. 즉 언제나 '넓이는 높이의 두 배'이고, '높고 좁은' 아치 모양은 있을 수 없다. 게다가 아치가 커질수록 그 아치를 받치고 있는 벽도 그만큼 더 두꺼워졌다. 이런 건물은 어느 시점부터는 둔중하고 무겁게 보인다. 그리고 이렇게 두꺼워진 옹벽에는 창을 내기도 어렵다. 수도원 홈페이지에 접속하여 수도원 내부를 입체로 둘러본다면, 이러한 특징을 분명히 알아볼 수 있을 것이다.

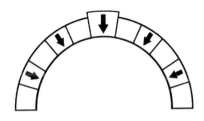

창의적인 발상 ·· 쐐기꼴로 깎은 돌들이 그 자체의
무게로 쐐기처럼 서로를 고정시키며 아치를 이룬다.

초기 로마네스크 성당 ·· 966년부터 짓기 시작한 장크트 판탈레온 성당은 쾰른에 있는 로마네스크 양식 성당 열두 군데 중 가장 오래된 곳이다. 이 성당의 다른 건축요소들도 그렇지만 특히 신랑과 교차랑 사이의 거대한 아치는 붉은 사암을 사용해 매혹적인 색채 변화를 보여준다. 이 성당에는 비잔틴 출신으로 신성로마제국 황제와 혼인함으로써 동로마와 서로마의 화해를 이룬 테오파누 황후가 매장되어 있다.

발전은 계속된다

로마네스크 양식의 성당에는 벽이 많지만 그에 비해 창이 차지하는 면적은 작다. 그런데 이는 기독교의 발전에 역행하는 일이었다. 사람들은 점점 더 커다란 건물 안에서 신을 기리기를 원했고, 그러다보니 로마네스크 양식으로 지어진 육중한 신의 성에서 특유의 건축 방식으로 인해 어쩔 수 없이 차단된 햇빛을 다시 실내로 끌어들이고 싶어 했다.

반원형 아치 건축 ‥ 아헨에 있는 샤를마뉴 대제의 팔츠 예배당 팔각형 홀(793년~813년 건설)에 있는 반원형 아치들은 이른바 약탈물인 고대의 기둥들을 아치 사이 지주로 삽입함으로써 아치의 폭을 넓혔다.

이제 빛은 거대한 색유리창을 통과해 안으로 들어오게 되었다. 스테인드글라스의 발전은 "형태는 기능을 따른다."는 건축의 주요한 원동력을 직관적으로 보여주는 예다. 다르게 표현하자면, "어떤 건물이 새로운 '기능'을 충족시킬 필요가 있을 때에만 건축가는 그 기능에 딱 맞는 '형태'를 찾으려 노력한다."고 할 수 있다. 이리하여 12세기에 발견된 새로운 건축 형태는 버팀벽이었고, 이는 이후 고딕 양식 최고의 건축물인 대성당이 탄생하는 데 결정적인 기여를 했다.

Q&A 중세에 지어진 성당들이 각각 어느 시기에
속했는지를 어떻게 알아볼 수 있을까?

중세의 성당들이 어느 양식으로 지어졌는지 판단하고 시대 순서로 배열하는
것은 쉽지 않은 일이다. 성당이 아주 오랜 세월에 걸쳐 건설된 경우도 무척
많고, 이전에 이미 존재하던 성당을 증축한 경우도 적지 않기 때문이다. 고딕
성당 중에는 기존에 지어진 로마네스크 양식 건물의 하부 구조 위에 또는 그
보다 더 오래된 건물이나 심지어 기독교 초기시대 건물의 토대 위에 지어진
것들이 많다. 게다가 어떤 성당은 너무 거대해서 짓는 데 수 세기가 걸리기도
했다. 심지어 19세기가 되어서야 완공된 경우도 있다. 따라서 건축을 처음 접
한 초보자가 어떤 성당의 어떤 부분이 어느 시기에 속하는지를 단숨에 알아
맞추는 것은 결코 쉽지 않은 일이다. 물론 반원형아치와 첨두아치가 로마네
스크와 고딕 양식을 구분하는 편리한 식별기준이 되기는 하지만 그것만으로
항상 분명하게 판단할 수 있는 것은 아니다.

하지만 성당 지하에 납골당이 있는 경우에는 대체로 시대 분류가 쉽다.
성당 지하에 있는 이런 공간들은 성유물, 즉 성인들의 유골 보존에 쓰였고 그
성당의 고위 성직자나 건립 헌납자의 묘지가 있는 경우도 종종 있다. 지하 납
골당은 대체로 성당 건물 중에서 가장 옛날에 지어진 것으로 늦어도 로마네
스크 시기나 그 이전에 만들어진 것이다. 성당 건축의 시대 판별을 위한 또
하나의 지표는 측랑이나 주보랑을 둘러싸고 있는 제실의 존재 여부다. 이는
고딕 성당의 전형적인 표식이기도 하다.

하지만 이 고딕 건축물이 13~14세기에 완성된 것인가, 아니면 19세기
가 되어서야 완성된 것인가를 판별하는 문제는 무척 어렵다. 역사주의 건축
에 속하는 교회 건물들 중에는 원래의 고딕 양식에 의지하고 있는 것이 많아

마리아 라흐 수도원 성당의 지하 납골당은 내진 밑에 위치하고 있다. 건물에서 가장 오래 전에 지어진 부분인 이 납골당은 다른 많은 지하 납골당들과 마찬가지로 로마네스크 양식이다.

서 각 양식의 세부적 특징이나 기술적 완성도를 바탕으로 이를 구분해야 한다. 따라서 고딕 양식과 19세기 교회건축에서 나타난 신고딕 양식을 구분할 수 있는 것은 전문가들뿐이다.

여기에 또 하나, 현대까지 이어지는 건축물의 복원 작업 역시 시대 구분을 어렵게 만든다. 주로 석회암이나 사암으로 지어진 고딕 대성당들은 건축물을 장식한 정교한 세공 장식들이 오늘날의 환경에 유난히 취약하기 때문에 복원이 필요한 경우가 많다. 이럴 때는 암석을 새로 교체하더라도 기존의 고딕 양식을 그대로 따라 복원한다. 유럽에 있는 대부분의 대성당에 부분적으로 나마 비계(건축물을 지을 때 공사장에 설치하는 지지대 등의 가설물)가 설치되어 있는 것은 그런 이유다. 독일의 쾰른과 레겐스부르크, 울름, 그외에 현대의 기술로 중세의 대성당들을 복원하는 여러 도시에서는 이러한 작업을 지속적으로 이어나가기 위해 견고한 건축업자조합이 존재한다. 그들의 유일한 과제는 거대한 성당 건물들을 붕괴로부터 지켜내는 일이다.

샤르트르 대성당

NOTRE-DAME DE CHARTRES

신의 이름으로 더 높이, 더 빨리, 더 넓게

1194년 6월 10일에서 11일로 넘어가는 밤, 파리에서 남서쪽으로 약 90킬로미터 떨어진 작은 도시 샤르트르에서 갑자기 비명소리가 울려 퍼졌다. 어디선가 불이 붙더니 바람을 타고 이 건물에서 저 건물로 옮겨 갔다. 이튿날 아침에는 모든 것이 또다시 재와 폐허로 변해 있었다. 이 도시에서 벌써 다섯 번째로 일어난 화재였다. 마치 샤르트르에 저주가 내린 것 같았다. 하지만 파괴를 극복한 과거의 아테네가 그러했듯이 이 도시의 의사결정자들은 현명하게도 파괴의 시간을 재앙이 아닌 기회로 삼았다.

잠시 과거로 돌아가보자. 876년에 샤르트르 대성당은 성모 마리아가 아기 예수를 낳을 때 입었다고 전해지는 옷 한 벌을 손에 넣게 되었다. 그 옷의 진위에 대해서는 오늘날까지도 의심하는 사람들이 있지만 이 문제는 일단 접어두도록 하자. 어쨌든 이 성유물을 성당에서 전시한

일상의 장면 ·· 생선장수 길드는 '안토니우스와 파울루스 창'(13세기)을 샤르트르 대성당에 헌납했다. 그래서 이 창에는 그 길드에서 일상적으로 벌어지는 장면이 묘사되었다.

덕에 샤르트르는 유럽에서 순례자들이 가장 많이 찾는 순례지 중 하나가 되었다. 그러니 불이 나서 성모의 옷이 소실되었다는 소식을 들은 사람들이 얼마나 비통해했을지는 충분히 짐작하고도 남을 것이다. 그리고 그 옷이 사흘 뒤 폐허더미 속에서 완전히 멀쩡한 상태로 다시 나타났을 때, 이를 본 사람들의 기쁨이 얼마나 컸을지도 짐작할 수 있을 것이다. 당시 사람들은 이렇게 확신했다. 이것은 바로 신의 기적이고 신호다! 이 이야기로 인해 성유물의 종교적 가치는 몇 배나 치솟았다. 이제 샤르트르 대성당으로 가는 길은 (전 유럽에서 어마어마한 수의 순례자들이 산티아고 데 콤포스텔라를 향해 걸어가는) 그물망처럼 복잡한 산티아고 순례길 중 한 갈래로 자리 잡게 되었다.

　이로 인해 샤르트르 대성당의 사업 계획도 분명해졌다. 바로 수많은 순례자들을 고귀한 성유물이 있는 새로운 성당으로 인도하는 일이

샤르트르 대성당

건축가 미상
건축 시기 1194년~1260년
특징 샤르트르 대성당은 고딕성당 건축의 모범이자, 일 드 프랑스 지역에서 기원한 프랑스 고딕 양식의 대표적인 핵심 건축물이다. 사실 대성당 건축의 높이 경쟁은 샤르트르 대성당과 함께 시작되었다고 할 수 있다. 높이에 대한 인간의 욕망은 건물의 가냘픈 선들에 의해 한층 강조된다. 성당 내부 바닥에는 커다란 미로가 있는데, 이곳에서 순례자들은 무릎걸음으로 294미터에 이르는 길을 걷는다.

었다. 이 사업은 곧 엄청난 성공을 거두었다. 적어도 만 명에 달하는 샤르트르 교구 사람들이 지상과 천국에서 누리게 될 수익을 기대하며 최대한의 투자를 했고, 이를 통해 당시 세계에서 비슷한 수준을 찾아볼 수 없을 정도로 대단했던 이 건축물에 막대한 재원을 댈 수 있었다. 높이 130미터에 너비가 64미터에 이르는 대성당 건축은 화재가 난 바로 그 해에 시작되어 기록적인 시간 안에 솟아올랐다. 대성당은 눈부시게 반짝이는 스테인드글라스 창과 건물을 장식한 아름다운 조각품을 모두 포함해 마침내 27년 만에 완성되었다. 오늘날에도 이곳은 불에 타지 않은 성모 마리아의 옷과 다른 성당에서는 볼 수 없는 아름다운 '샤르트르 블루(Chartres blue)'를 감상하기 위해 전 세계에서 수백만 명이 모여들고 있다.

프랑스의 샤르트르 대성당

'로마네스크=반원형 아치', '고딕=첨두 아치'라는 건축 양식의 기본 규칙은 이제 여러분도 알고 있을 것이다. 중세에 첨두 아치가 생겨난 이유는 그저 늘 보던 반원형 아치와 다른 무언가를 만들기 위해서가 아니었다. 여기에는 다른 이유가 있었다. 고딕 건축기술은 매우 본질적인 면에서 로마네스크건축 양식과 구별된다. 로마네스크 양식에서 벽체는 아치를 떠받치는 측벽 전체를 지탱해야 했기 때문에 대개의 경우 매우 두꺼웠다. 그러나 고딕 대성당에서는 그 전체 하중이 교회 내부의 늑골 궁륭과 외부의 버팀벽으로 이루어진 정교한 체계로 분산되었다. 따라서 이제는 로마네스크 성당에서는 아무런 기능도 하지 못했던 벽면을 활용해 새로운 시도를 할 수 있었다. 건축가들은 이제 무언가를 지탱할 필요가 없어진 벽면에 거대한 창을 내어 빛을 실내로 끌어들였다.

하지만 아무리 얇아진 벽에 구멍을 뚫을 수 있다고 해도, 이 시기에 새롭게 등장한 혁신적인 기술이 없었더라면 이는 그다지 큰 장점이 되지 못했을 것이다. 그것은 바로 납틀창이었다. 이 기술을 통해 사람들은 탄력이 있는 납으로 된 틀 사이에 색유리 조각들을 끼워 넣어 원하는 모양을 만들 수 있었다. 특히 파리의 노트르담 대성당 전면에서 볼 수 있는 것과 같은 장미 모양의 모티브가 인상적이었다. 그리하여 새로 지은 샤르트르 대성당에 만들어진 176개의 창에는 그때까지 한 번도 본 적 없는 예술적 수준을 자랑하는 176개의 스테인드글라스가 설치되었다.

샤르트르 대성당에 가면 유리창의 상당부분이 강렬한 푸른색을 머금고 있음을 온몸으로 느낄 수 있다. 이것이 바로 유명한 '샤르트르 블루'다. 이러한 색감은 특별히 이 건물을 위해 개발된 것이라고 하는데, 전해지는 이야기로는 제작자가 그 비법을 무덤까지 가지고 갔다고 한다. 창의 조도는 오늘날까지도 건축 당시와 다름없이 유지되고 있고, 태양의 움직임에 따라 성당 안을 이리저리 돌아다니며 바닥에 펼쳐지는 빛의 유희는 장관을 이룬다. 이 빛은 예수의 재림에 대한 상징으로 성당을 방문한 중세의 사람들에게 큰 영향을 미쳤을 것이다. 이 아름답고 독특한 빛의 공연은 모든 사람들의 혼을 쏙 빼놓았고, 저 하늘 위에 훨씬 고귀한 어떤 힘이 존재한다는 메시지를 강렬하게 전달했다. 한마디로 이는 새로운 형태의 위압적 건축물이었다.

모든 것은 프랑스에서 시작되었다. 고딕건축 양식으로 지은 유명한 성당들 중 가장 오래된 것은 파리의 생 드니 대성당(1140년 착공)으로

왼쪽 **미완성된 성당** ·· 보베 대성당의 내진 궁륭은 48.5미터로 세계에서 가장 높다. 그러나 이 대성당에는 신 랑과 서쪽 파사드가 없다.

오른쪽 **성당을 지탱하는 장치** ·· 외부에 설치된 버팀벽들은 사진 속 샤르트르 대성당의 경우처럼 궁륭에서 나오는 압력을 아래쪽으로 분산시켜준다.

역대 프랑스 왕들의 묘지가 있는 곳이기도 하다. 투르-푸아티에 전투 의 승리자인 샤를 마르텔뿐 아니라 '태양왕' 루이 14세, 1793년에 시민 혁명의 단두대에 올라야했던 비운의 왕비 마리 앙투아네트도 그곳에 누워 있다. 당시 사람들은 높이와 빛이라는 새로운 요소에서 매우 강렬 한 인상을 받았다. 그리하여 가장 높은 궁륭과 가장 넓은 내진, 가장 짧 은 건축 기간 등을 다투는 경쟁이 수아송과 부르주, 랭스, 오세르, 아미 앵 등지에서 시작되었다.

보베에서도 마찬가지였다. 파리에서 북쪽으로 90킬로미터 떨어진 곳에 위치한 보베 대성당은 고딕 성당들 중에서도 최고봉이다. 이 성당

어마어마한 건축 계획 ·· 바벨탑은 하늘까지 닿는 탑을 짓겠다는 인간의 오만함에 관한 구약성서의 이야기 (창세기 11장, 1~9절)이다. 이 이야기는 중세부터 바로크 시대까지 수많은 예술작품에서 묘사되었는데, 이 그림은 대(大) 피터르 브뤼헐이 1563년에 그린 것이다. 이 작품에서 브뤼헐은 로마의 콜로세움을 모델로 바벨탑을 표현한 것으로 보인다.

의 내진 궁륭은 48.5미터로 세계에서 가장 높다. 보베 대성당은 오늘날까지도 이 기록을 유지하고 있는데, 여기에는 1284년에 일어난 한 사건이 원인이 되었다. 자랑스러웠던 성당의 궁륭이 엄청난 굉음을 내며 무너졌던 것이다. 당시 '더 높이, 더 빨리, 더 넓게'를 추구하는 경쟁 속에서 이 성당의 건축가는 분명히 한계를 초과하는 계산을 했을 것이다. 이후 전문가들이 안전율을 다시 계산하고 핵심적인 위치들을 변경하여 몇 십 년을 더 들인 끝에, 궁륭은 가까스로 다시 완성되었다.

보베의 재앙은 바벨탑에 내린 신의 처벌과 닮지 않았는가? 사람들은 역사에서 아무것도 배우지 못하고 또 다시 자신들의 창조주에게 너무 가까이 다가가려했던 것이 아닐까? 그래서인지 이후에 지어진 어떤 성당에서도 사람들은 보베의 기록을 넘어서려는 시도를 하지 않았다.

보베 대성당에 가본 사람이라면 그 건물이 엄청나게 거대하지만 탑은 하나도 없다는 사실을 알아차리게 될 것이다. 그 이유는 이 성당에서 일어난 비극의 제2막 때문이다. 1573년의 그리스도 승천일에 사람들의 행렬이 성당을 막 나섰을 때, 당시 세상에서 가장 높은 기독교 건물이었던 150미터 높이의 교차랑 탑이 갑자기 붕괴했다. 이로써 보베라는 지명은 건축의 대실패를 상징하게 되었고, 고딕 건축의 한계를 보여주는 숙명의 성당이 되었다. 하지만 그 탑이 무너져 내릴 때 유럽은 이미 다음 시대의 한가운데로 들어서고 있었다. 바로 르네상스다.

Q&A 중세의 건축업자조합에 속한 일꾼들은 어떻게 일했을까?

피라미드를 건설하든 고딕 대성당을 짓든 건축 현장은 언제나 잘 조직되어야 한다. 인류는 건축을 통해 원대한 목표들을 달성할 수 있지만 여기에는 수많은 자원과 돈이 필요하다. 건물을 짓는 것은 사람들의 생존이 달린 문제일 뿐 아니라 인류 가능성의 한계를 시험하는 일이기도 하다. 그래서 아득한 옛날부터 여러 집단과 공동체는 각자의 건축 프로젝트에 있는 힘껏 노력을 기울여왔다. 중세 역시 마찬가지였다. 사람들의 목표는 건축 과정을 가능한 한 신속하고 순조롭게 만드는 것이었으며, 이는 분업과 사전 계획을 통해서만 이룰 수 있는 일이었다. 여기서 가장 중요한 점은 자신들이 짓고자 하는 건축물에 대한 아주 정확한 비전을 머릿속에 갖고 있어야 한다는 것, 그리고 이 비전을 그림을 통해서든 모형을 통해서든 건축 과정에 참가하는 다른 모든 사람들에게도 제대로 전달할 수 있어야 한다는 것이었다.

사람 크기의 윈치(winch)나 도르래를 들어 올리는 장치 정도를 제외하면 고딕건축의 장인들이 쓸 수 있는 기계는 거의 없었지만 그래도 건축업자조합은 비교적 짧은 시간 안에 그 거대한 대성당들을 완성했다. 그 시절 건축 현장의 조직은 오늘날의 여러 건설 프로젝트들을 떠올리게 한다. 벽공들이 작업을 쉬는 겨울에는 석공들이 다음 여름에 작업할 마름돌들의 작업을 마무리했고, 토대를 닦는 동안에는 채석장이나 수송로를 탐색했다. 목수들은 기중기와 비계를 만들고 대장장이들은 작업도구들과 못, 조임 막대 등을 만들었다. 거대한 서까래를 만들 목재는 스칸디나비아에서 들여왔다. 고딕건축업자조합의 우두머리는 건축 장인으로, 오늘날의 건축가와 유사한 위치를 차지했다. 그의 소임은 현장관리자의 역할을 훨씬 뛰어넘는 것이었다. 전체 건축 프로젝트의 구상부터 실행까지 모두 담당했을 뿐 아니라 건축물에 대한 전체적

중세의 공사 현장 · ·
15세기 중반 어느 프랑스 서적에 실린 이 삽화에는 아헨 대성당의 건축 현장이 묘사되어 있다. 이 그림에서 우리는 석공과 여러 개의 비계를 분명하게 볼 수 있다. 중세 건축 현장의 생생한 모습을 잘 보여주는 그림이다.

인 책임까지도 그의 몫이었다.

중세의 거대한 건축물들은 통일된 계획에 따라 탄생되었다. 토대공사가 끝난 다음에는 가늘고 높은 기둥들을 세우는 동시에 외부의 버팀벽을 세우는 일을 했다. 육중한 벽체들이 온전하게 돌로만 만들어진 것은 결코 아니었고 이중벽 사이에 회반죽을 채워 넣기도 했다. 바위를 절단하려면 비용이 만만치 않게 들었기 때문에 비용을 아끼려는 조치였다. 마찬가지로 기둥들의 중심부에는 회반죽과 돌들을 섞어 채워 넣었다. 마름돌들의 규격과 형태를 통일한 것도 건축 속도를 높이는 데 기여했다. 성당의 종을 주조하는 일 역시 건물이 완성되기 훨씬 전에 착수되었고 창틀을 만드는 것과 동시에 유리창 제작도 진행되었다.

합리적인 건축 과정은 로마네스크시대에도 있었지만, 마름돌을 대량생산하는 방식은 중세 전성기에 확산되었다. 즉 이 시기에 건축방식이 전문화됨으로써 대단히 복잡한 고딕 대성당들이 건설될 수 있었다.

메디치 리카르디 궁전

PALAZZO MEDICI-RICCARDI

지난날의 영광을 부러워하던 시대

잠깐 각 시대의 명칭에 대해 생각해보자. '고딕'이라는 단어는 대체 어디에서 왔을까? 1140년경에 어떤 위원회가 구성되어, 생 드니 대성당 이후 앞으로는 모든 성당에 첨두아치와 버팀벽을 설치하고 이를 '고딕' 양식이라 부르자고 약속이라도 한 것일까? 사실 '고딕'이라는 명칭은 16세기의 새로운 예술경향을 지나치게 추켜세우고 이전의 예술은 야만적이라고 폄하했던, 이탈리아의 건축가이자 예술사가 조르조 바사리에게서 연유한 것이다. 구체적으로 말해서 바사리가 야만의 대표자라고 보았던 것은 410년에 알라리크 1세의 지휘하에 로마를 정복하고 약탈했던 고트족이었다. 결국 고딕이라는 표현은 칭찬과는 거리가 먼, 난폭한 힘과 저속한 취향의 동의어일 뿐이지만 그럼에도 학계에서는 하나의 용어로 확립되었다. 그리고 바사리는 이런 고딕과 대조적인 새로운 예술형식에는 찬사를 보내며 재탄생이라는 뜻의 '리나시멘토(Rinas-

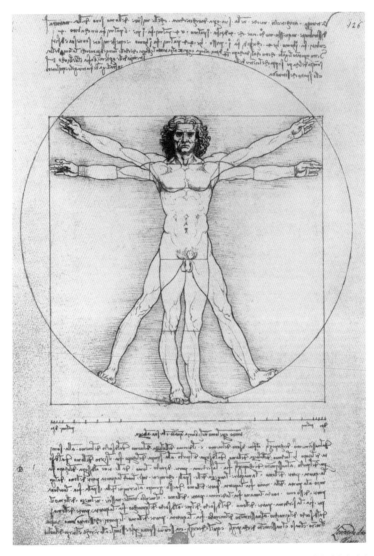

비례 연구 ·· 레오나르도 다 빈치는 〈비트루비우스적 인간〉이라는 유명한 그림을 통해, 인체의 비례가 사각형과 원에 대해 갖는 관계를 탐구했다. 추측컨대 그는 로마의 건축이론가 비트루비우스의 《건축10서》를 바탕으로 삼았던 것 같다. (레오나르도 다 빈치, 〈비트루비우스적 인간〉, 1490년경, 펜과 잉크, 수채. 베네치아 아카데미아 미술관 소장.)

고대 양식의 재수용 ·· 메디치 궁전의 기둥들로 둘러싸인 사각형 아트리움은 이탈리아 도시 궁전들의 모델이 되었다. 건축가 미켈로초는 여기에 새로운 대칭의 원리를 이용했다.

cimento)', 즉 르네상스라는 이름을 붙였다. 이로써 바사리는 시대적으로 연속되는 두 가지 중요한 예술사조의 명명자가 되었다.

당시 '재탄생'이라는 말은 고대로 다시 돌아간다는 뜻으로 쓰였다. "그렇다고 르네상스가 고대를 그대로 따라서 만들어졌다는 말은 아닙니다." 힐트 교수가 설명한다. 그보다는 고대의 규칙들과 규범성을 재고한다는 의미라고 할 수 있다. 마침 당시 발견된 고대의 건축서 한 권이 대단히 중요하게 여겨졌는데, 바로 비트루비우스라는 건축가가 기원전 20년경에 쓴 《건축10서》였다. 15세기의 이탈리아 사람들은 마치 그 책을 삼키기라도 할 듯이 열심히 읽었다. 이 책에 나온 고대미술과 건축의 원칙은, 각 요소가 인체 조화에 바탕을 둔 관계를 이루고 있어야 한다는 것이었다. 이 원칙은 레오나르도 다 빈치의 너무나도 유명한 〈비트루비우스적 인간〉이라는 그림에서 가장 명백하게 표현되었다. 이 그림을 통해 사람들은 서 있는 남자의 이상적인 전신 비율이 머리의 7배~7.5배라는 결론을 내렸다. 또 팔의 길이는 손가락 끝이 허벅지의 중간에 닿는 정도가 적절하다고 여겼다.

사실 이러한 시각은 르네상스 혁명에서 태어난 것이었다. 이제 세상을 바라보는 사람들의 시선은 근본적으로 달라졌다. 중세에 개인은 죄 많고 덧없는 존재들이므로 별 가치가 없다고 여겨졌다. 현세보다 중요한 것은 최후의 심판 이후에 맞이할 내세였다. 그러나 르네상스에 들어서자 인간 자신, 그것도 지금 여기 현실 속에 자리한 인간이 사고의 중심으로 강력하게 자리 잡게 되었다('인본주의'라는 개념 역시 이렇게 해서 생겼다).

인체의 각 부분이 서로 조화로운 관계를 이루고 있는 것처럼, 르네상스시대의 사람들은 그들이 거주하는 건물 역시 특정한 비례를 지니고 있어야 한다고 생각했다. 예를 들어 높이와 넓이 사이에도 일정한 비례가 있었다. 하늘을 향해서 '무조건 높이!' 건물을 지으려했던 중세 때와는 완전히 다른 사고방식이었다. 그러나 이렇게 현세의 인간에게 가치의 초점이 맞춰지자 기존에 권위를 누리던 사람들은 몹시 불편해졌지기 시작했다. 이제 신이 아닌 인간이 더욱 중요한 존재가 되었으니 사람들 각자의 생각이나 의문, 사고방식이 사회적으로 환영받게 된 것이다. 예전에는 교회에서 지구가 원반이라고 주장하면, 사람들은 무조건 이를 믿었다. 그런데 이제는 어떤 사실이든 무조건 받아들이는 것이 아니라 먼저 그에 대한 연구를 하게 되었다. 더 이상 종교의 권위자들이 제시하는 것만이 진실이 아니었고, 사람들은 자신이 알고 있는 것들을 과학적으로 증명할 수 있었다. 이는 새로운 시대의 사상 속에 얼마나 큰 폭발력이 숨어 있었는지, 그리고 이로 인해 교회의 토대가 얼마나 심하게 흔들리게 되었는지를 보여준다. 르네상스는 과학과 발견을 위한 이상적인 시대였다. 인쇄술의 발명과 아메리카 대륙의 발견, 지구는 형태는 구라는 깨달음, 이 모든 일이 바로 이 시기에 일어났다는 것은 우연의 일치가 아니다.

피렌체의 메디치 리카르디 궁전

르네상스는 최초의 전 지구적 활동가, 국제적으로 활동하는 상인, 선주, 은행가의 시대이기도 했다. 북유럽에서 동방으로 가는 거대한 무역로들은 이탈리아 북부에서 한데 모인 다음, 다시 선박을 통해 지중해로 나아갔다. 이러한 경제적 집중도 덕에 피렌체와 시에나, 제노바, 베네치아 등 그 지역 도시들은 14세기에 엄청난 호황을 누렸다. 폭발적으로 증가한 부와 치열한 경쟁은 예술과 문화가 꽃 필 이상적인 환경이었다. 도시들은 서로 더 의미 있고 더 아름다운 도시가 되려고 경쟁했다. 1444년에 피렌체의 가장 막강한 가문의 수장이었던 코시모 데 메디치는 건축가 미켈로초를 찾아가 다음과 같이 의뢰했다.

조건 1. 거주용 주택인 동시에 세계적인 메디치 금융 콘체른의 본거지가 될 곳을 지을 것.

조건 2. 단, 다른 귀족 집안들의 질투를 일으키지 않도록 할 것.

이는 참으로 현명한 판단이었다. 당시는 다른 가문뿐 아니라 같

르네상스의 건축주 ·· 금융업자 코시모 데 메디치와 그의 후계자들은 15세기에 피렌체를 지배했다. (야코포 폰토르모, 〈코시모 데 메디치의 초상〉, 1518/19년, 피렌체 우피치 미술관 소장.)

은 가문의 구성원들까지도 견제해야 하는 시대였다. 피렌체에서는 어떤 귀족이 고인이 되면, 정말로 자연사했는지 아니면 이웃의 경쟁자나 시샘을 한 친척이 죽음의 길로 슬쩍 인도해주었는지를 아무도 확신할 수 없었다.

메디치 리카르디 궁전의 공식 사이트에 들어가보자. 이 궁전의 내부와 방들을 보면 옛날 메디치 집안사람들이 동시대인들의 질투 어린 시선으로부터 어떤 화려함을 감춰두고 살았는지를 알 수 있다. 고전적인 삼층 건물의 규칙을 따라 지은 이 궁전은 외부에서 보면 비교적 검소해 보인다. 대충 다듬은 석재로 벽을 장식한 일층은 거친 느낌을 주고, 다른 두 층 역시 특별한 장식이 눈에 띄지 않는다. 그러나 이 건물의 진짜 아름다움은 외부가 아닌 내부에 있다. 주거와 은행, 사교를 위한 목적으로 쓰였던 이층에는 이른바 '고상한 층(Piano nobile)'이 있었고,

그 아래층에는 살림살이용 공간과 주방이 있었다.

바깥에는 거의 건물 전체를 에워쌀 정도로 긴 돌 벤치가 하나 놓여 있었고, 거기에 건물 안으로 안내될 때까지 기다리는 손님들이 앉아 있었다. 전하는 이야기로는 현재 은행이 'bank'라고 불리게 된 것은 바로 이 벤치(독일어로 Bank, 이탈리아어로는 banco)에서 유래했기 때문이라고 한다. 또한 신용이나 파산, 할인 등 오늘날에도 그대로 사용되는 금융용어들 역시 이탈리아와 피렌체에 그 기원이 있다. 메디치 궁전을 중심으로 한 이 구역은 15세기의 월스트리트였고, 당시 금융계의 심장은 바로 이곳에서 뛰고 있었다.

메디치 리카르디 궁전

건축가 미켈로초 디 바르톨로메오
건축 시기 1445년~1459년
특징 고대 이후 14세기에 처음으로 다시 주택이 건축의 중심 테마가 되었다. 피렌체의 메디치 리카르디 궁전은 르네상스 초기에 지어진 거주용 궁전들 중의 하나이다. 이 궁전의 각 층은 고대 신전의 지붕끝 장식에서 영감을 받은 커다란 처마돌림띠로 장식되었다.

옆 페이지 피렌체의 코시모 데 메디치가 의뢰한 이 궁전은 원래 정육면체로 지어졌다. 후에 리카르디 가문이 소유하면서 사진 속 라르가 거리에 서 있는 면을 북쪽으로 확장했다.

베르사유 궁전

CHATEAU DE VERSAILLES

화려함의 의미

사람들은 바로크라는 단어를 들으면 자연스럽게 금박을 입힌 천사나 루벤스가 그린 풍만한 여자들을 떠올리지만, 그 시대에 목숨을 잃었던 수백만 명의 사람들에 대해서는 잘 생각하지 못한다. 서양의 역사에서 르네상스에서 바로크로 넘어가는 과도기에는 '30년 전쟁'이 세상을 완전히 바꾸고 새롭게 분할해 놓았다. 유감스럽지만 이 전쟁의 원인은 지나치게 인간을 중심에 두었던 르네상스의 성과들과 관계가 있었다.

우선 1450년경, 르네상스 인간의 한 사람으로서 구텐베르크라 불리는 요하네스 겐스플라이쉬가 활판인쇄술을 발명했다. 그 결과 다음과 같은 일이 생겼다.

결과 1. 사람들은 장기적이고 집중적으로 글 읽기를 배우기 시작했다. 이제 책들은 수도원의 두꺼운 담 너머 도서관에만 감춰진 것이 아니라 누구나 쉽게 구할 수 있는 물건이 되었기 때문이다.

바로크식 화려함 ·· 아잠 형제는 1733년~1746년에 개인적인 건축 프로젝트로 뮌헨에 아잠 성당을 세웠다. 무대 같은 느낌의 성스러운 공간으로 디자인된 성당 내부에는 연출된 빛의 효과가 더해졌다.

프로테스탄트의 금욕성 ·· 이 그림에서 보이는 성 베드로 교회는 1450년경 스헤르토헨보스에 가톨릭 성당으로 건립된 것이다. 이 교회는 1645년에 파괴되었는데, 그로부터 몇 해 전인 1632년에 화가 피터르 얀 산레담이 그림을 그리던 당시에는 이미 신교 교회로 바뀌어 있었다.

결과 2. 기독교 교리가 순식간에 전 유럽으로 퍼져나갔다. 이때부터 성서는 더 이상 수도원의 필경실에서 힘들게 손으로 베껴 쓸 필요 없이 훨씬 짧은 시간에 수백 아니 수천 권씩 복제할 수 있었다.

비판적 독서와 의문에서 시작된 탐구와 토론이 르네상스 인문주의 문화에서 큰 인기를 끌었으니, 이후 사람들이 성서를 꼼꼼히 읽고 교회의 관행이 정말로 성서의 말씀과 일치하는지를 평가했으리라는 것을 쉽게 짐작할 수 있다. 그런데 사람들이 아무리 들여다봐도 성서에 확실하게 존재하지 않는 한 가지가 있었으니, 바로 면죄부 판매였다! 면죄부는 그것을 산 자의 죄를 모두 사해준다는 아주 미심쩍은 문서였는데, 당시 교황은 로마의 성 베드로 대성전을 짓는 사업에 필요한 돈을 마련

베르사유 궁전 ·· 루이 14세 치하에서 1661년부터 루이 르보가, 1678년부터는 쥘 아르두앙 망사르가 정원의 파사드를 만들었다.

하기 위해 뻔뻔스럽게도 면죄부를 이용했다. 그리고 마침내 1517년, 독일 중부 비텐베르크의 한 수도사가 훗날 세계적으로 유명해질 95개조의 반박문을 교회의 정문에 내걸었다. 마르틴 루터의 항의는 종교 혁명의 씨앗이 되어 비옥한 지성의 땅에 떨어졌다. 지난 몇 세기 동안 교회는 사람들을 너무 엄격하게 감독했고, 늘 두려움에 떨게 했으며, 죄인들을 가혹하게 징벌하고 불태우는 등 민심에서 너무나 멀어져 있었다. 그리고 이제 교회는 참을 수 있는 한계를 넘어섰다. 사람들은 지켜야할 규칙과 의무가 무엇인지 명료하게 말하는 교회를, 그리고 무엇보다 자비와 정의가 있는 교회를 원했다. 한편 바로 이 시기에 신성로마제국의 황제 카를 5세는 1529년에 빈의 코앞까지 몰려와 서양세계를 위협

태양왕 ·· 지배자다운 포즈를 취한 채 군주의 예복을 입고 있는 루이 14세. 이아생트 리고가 1701년에 그린 그림으로, 파리의 루브르 박물관에서 소장하고 있다.

하던 투르크 군대를 막아내느라 여념이 없었다. 덕분에 종교개혁 운동은 거의 아무런 방해도 받지 않고 계속해서 확대될 수 있었고, 나중에는 왕이 도저히 저지하거나 진압하기가 불가능할 정도로 그 규모가 커졌다. 종교의 두 갈래, 즉 프로테스탄트와 가톨릭 사이의 대립은 점점 더 심해졌다. 결국 뜨겁게 달아오른 정치적 분위기 속에서 양측의 대립은 끔찍한 방식으로 폭발하고 말았다. 루터가 반박문을 내걸고 101년이 지난 뒤 마침내 전쟁이 발발하였고 이 전쟁은 무려 30년 동안 계속되며 어마어마한 수의 목숨을 앗아갔다. 전쟁에서 맞붙었던 프로테스탄트와 가톨릭 진영은 1648년에 베스트팔렌 평화조약을 맺었지만, 이미 200만~400만 명의 유럽인들이 목숨을 잃은 후였고 땅은 황폐해졌다. 유럽 대륙이 이 대참사로부터 회복되려면 적어도 수십 년은 걸릴 터였다. 마침내 무시무시한 살육전이 끝나고 유럽은 각자의 세계와 각자의 신앙을 가진 두 개의 지역으로 나뉘었다.

이러한 양상은 이 시기 양쪽 진영의 교회 모습을 비교해 보면 분명히 알 수 있다. 예컨대 뮌헨에 있는 가톨릭의 아잠 성당(67페이지)과 네덜란드 스헤르토헨보스에 있는 신교의 성 베드로 교회(68페이지)를 비교해 보자. 오로지 화려함만이 가득한 가톨릭 성당에서는 수많은 대리석 기둥과 그림, 치장된 벽토, 천사상과 성인상 틈에서 빈 곳을 찾기가 어려울 정도다. 반면 프로테스탄트 교회는 전체적으로 차분하다. 하얗게 칠한 벽에 조각이나 장식은 거의 없고, 오직 신도석과 설교단, 오르간뿐이다. 신교의 교회에서는 산만한 장식이 설교를 할 때 사람들의 주의를 빼앗아서는 안 되지만, 가톨릭 성당에서는 시각적으로 신을 찬미하기 위한 모든 수단을 동원했다. 이 시기 가톨릭 성당들의 사치스러운 장식은 세속 건축에도 속속 스며들었다. 르네상스 시기의 코시모 데 메디치만 해도 건물의 호화로움에 관한 한 적어도 외관상 어느 정도 절제를 하는 것이 미덕이라고 여겼다. 반면 바로크시대의 성 건축에서는 사정이 완전히 달라졌다. 이제 건축은 전적으로 군주의 취향에 맞춰졌고, 그 건물에 사는 사람이 얼마나 중요한 인물인지를 모든 사람에게 보여주기 위해 예산을 초과하든 말든 할 수 있는 일이라면 무조건 감행했다. 특히 이러한 분위기를 주도한 것은 프랑스의 전설적인 태양왕 루이 14세였다. 30년 전쟁이 끝난 뒤 모든 참전국이 똑같이 폐허가 된 것은 아니었다. 가톨릭 국가였던 프랑스는 살육전에서 비교적 안정된 상태로 빠져나왔고, 몇 년 지나지 않아 유럽의 강대국으로 떠올랐다. 그리하여 바로크 역사의 한 국면은 프랑스와 함께 시작되었다. 우아한 궁정 사람들과 성대한 가든 파티, 그리고 곱슬머리 가발과 족제비 모피와 화려한 타이츠로 꾸미고 등장하는 오만한 군주들이 가득했던 시대였다.

베르사유 궁전

건축가 루이 드보, 쥘 아르두앙 망사르
건축 시기 1661년~1715년
특징 베르사유 궁전은 당시 프랑스 바로크 궁전 건축의 최고치를 구현해 지어졌다. 기념비적인 규모로까지 확대된 세 채의 궁전을 기점으로 하여 기하학적으로 엄격하게 계획된 거대한 정원 건축이 시작되었다. 이 궁전은 하나의 기준점이자 영향력의 상징으로서 전 유럽의 절대왕정 궁전건축에 하나의 모델을 제시했다.

파리 근교 베르사유의 바로크 궁전

전형적인 바로크식 궁전을 건축할 때 모방의 대상이 되는 거창한 모델이 있다. 바로 루이 14세가 건축을 의뢰하고, 1677년에 정부의 소재지로 천명된 베르사유 궁전이다. "지는 것을 싫어했던 모든 군주들은 작은 규모로나마 베르사유 궁전과 비슷한 것을 지으려고 했지요." 뷘세 교수가 설명한다. 성의 규모가 커질수록 자연스럽게 권위의 의미도 커졌다. 샤를로텐브루크, 라슈타트, 슐라이스하임, 루드비히스부르크, 카를스루에, 만하임, 상수시, 뷔르츠부르크 궁전 그리고 그 밖의 많은 여러 궁전들이 모두 베르사유 궁전에서 자극을 받아 지어졌다. 그러나 그 어느 곳도 베르사유 궁전을 능가하지 못했다. 1300여개의 방, 2000개가 넘는 창, 가로로 500미터가 넘는 파사드, 1400개의 연못이 있는 90헥타르의 정원, 그리고 이 모든 것의 중앙에 국왕의 침실이 있었다. 모든 것은 마치 태양처럼 중앙에 자리 잡은 왕을 중심으로 돌아갔다. 기상과 취침, 자녀의 출생까지 왕과 관련된 모든 사건에 궁정의 대표자들이 참석했다. 예를 들어 아침에 왕에게 '물을 건네주는 일'은 최고의 명예로 간주되었고, 오늘날까지도 언어 속에 그 의미가 남아 있다. 'antichambrieren(대기실에서 기다리다. 청탁하다. 비굴하게 굴다)'이라는 단어는 바로 이 시기에 유래한 것이다. 베르사유 궁전의 시스템은 아주 단순해서 중요한 사람일수록 왕과 가까운 곳에 기거했다. 왕에게 무언가 원하는 것이 있는 사람은 제빵사부터 총리대신까지 1만 5000명에 이르는 궁정 사람들이 있는 베르사유 궁전의 한 방에서 다음 방을 거치며 점점 더 왕의 측근에 가까운 사람들을 차례대로 만나야 했는데, 이는 그야말로 결과를 장담할 수 없는 시도였다.

그렇다면 루이 14세는 자신을 너무나 중요한 존재라고 믿었던 미치광이 권력자였을까? 그러나 이러한 측근 정치의 배후에는 아주 노골적인 정치적 계산이 자리 잡고 있었다. 왕은 모든 귀족을 베르사유로 불러들여 '물을 건네주는 일' 따위를 맡기는 등 왕실과 상호의존적인 체계 속으로 그들을 엮어 넣었다. 부유한 영지와 저택에서 그들을 멀리 떨어뜨려놓음으로써 귀족들을 더욱 효과적으로 통제할 수 있었던 것이다. 왕은 항상 귀족들을 지켜보며 음모나 반란을 미연에 방지했다. 그러나 정작 왕권에 대한 위협은 귀족이 아니라 그보다 아래 계층인 시민계급에게서 생겨났다. 태양왕이 세상을 떠난 지 겨우 74년 뒤인 1789년에 혁명군은 파리의 바스티유 감옥을 습격했고, 그리고 얼마 지나지 않아 루이 14세의 5대손인 루이 16세와 그의 왕비인 마리 앙투아네트가 단두대에 올랐다.

다시 건축 이야기로 돌아가보자. 뷘세 교수는 설명한다. "어느 건축물이 바로크 궁전인지 알아볼 수 있는 특징이 세 가지 있어요. 수많은 방들이 문을 사이에 두고 통하도록 이어진 곁채, 그리고 계단, 정원이지요."

먼저 곁채를 살펴보자. 자신을 대단히 중요한 존재로 여긴 바로크 시대의 군주들은 그 권위에 걸맞게 수많은 사람들을 궁중에 거느리고 살았고(이들이 궁정의 많은 방을 차지하고 있었다), 왕은 당연히 이들에게 숙식을 제공하고 부양을 해주어야 했다. 여기에는 엄청난 돈이 들어갔는데, 이로 인해 군주들 중 알곡과 쭉정이의 차이가 금방 드러났다. 강한 군주가 되고 싶어 흉내만 냈던 왕들이 금세 파산해버린 것이다.

두 번째 특징은 계단이다. 바로크 궁전에 계단이 있었다는 단순한 사실이 아니라, 특정한 종류의 계단이라는 것이 중요하다. 당시의 성에

바로크의 모델 ·· 폰 쇤보른 제후대주교의 의뢰로 1720년부터 1780년까지 건설된 뷔르츠부르크 궁전의 궁정 앞뜰(오른쪽)을 보자. 파사드의 외관이 베르사유 궁전(왼쪽)과 닮아 있음을 알 수 있다.

는 가장 호화로운 장소인 군주의 방이 있는 층으로 올라가는 인상적인 계단실이 있었다. 왕을 알현하려는 사람이라면 누구나 그 계단을 올라가야 했다. 유력한 나라의 중요한 사신이 찾아와 그 계단을 오를 때면 왕이 그를 맞이해 계단을 내려가는 경우가 있었는데, 이때 왕이 내려가는 계단의 수가 많을수록 왕에게 그 방문객이 중요하다는 의미였다.

세 번째 특징은 정원이다. 절대 권력을 가진 군주의 철학은 바로 이 부분에서 가장 명백하게 드러난다. 바로크 궁전에서는 풀 한 포기도 제멋대로 자랄 수 없었다. 모든 것은 똑바로 세워 모양을 만들었고, 꽃밭은 인위적인 장식물로, 관목은 조각품이나 끝없는 미궁으로 탈바꿈했으며, 나무들은 우직하게 서 있는 녹색 군대가 되었다. 자연은 인간의 의지에 무조건 굴복해야 한다는 것이 바로크식 정원이 전하는 중심 메시지였다.

르네상스와 바로크의 차이는 무엇일까?

이를 알기 위해서는 먼저 앞서거니 뒤서거니 서로 바탕을 제공하며 구축된 두 시대의 공통점부터 알아야 한다. 르네상스와 바로크, 두 시대 모두 건축 형식 면에서 고대를 참고했다. 따라서 두 시대의 파사드와 방은 모두 기존의 건축 양식에 의해 분류된다. 르네상스와 바로크에서는 이미 잘 알려진 고대 의 기둥 양식들 외에도 살짝 변화를 가미한 다른 양식들(33페이지 참조)이 개발 되어 사용되었다.

르네상스와 바로크의 중요한 차이점은 르네상스 양식은 건물의 각 부분 들이 뚜렷이 구분되고 전체 구조가 쉽게 파악되는 명료한 형태와 배열을 보 여준다는 점이다. 그에 반해 바로크 시대의 건축가는 전래된 형식을 가지고 다양한 실험을 했고, 구조적 가능성을 훨씬 깊게 파헤쳐 형태상으로 건물의 전체 구조를 모호해 보이도록 했다. 그들은 대범하게도 타원형이나 납작하게 우묵한 형태의 궁륭을 만들어내거나, 기둥들을 앞뒤로 포개거나 아래위로 쌓 아올렸다. 이때 건물의 부분들을 대각선으로 배열해 긴장감을 살리기도 했 다. 바로크건축 장인들은 평면도든 입면도든 수학적으로 계산된 대담한 형태 를 선호했다. 그들은 사람들에게 깊은 인상을 심어주기 위해 기발한 기교를 활용하여 보는 이들에게 충격을 주고 경탄하게 만드는 것을 목표로 삼았다. 시각적 효과를 중시하는 바로크 건축은 빛으로 장관을 연출하고 다채로운 재 료들의 자극적인 대조를 유도했다. 그들은 화려한 외관을 결코 부정적인 것 으로 여기지 않았다. 사람들은 색깔 있는 대리석 같은 귀한 재료들을 모방하 여 석고를 질 좋은 카라라산 대리석처럼 보이도록 흉내내기도 했다. 그러니 재료의 순수함과 건축의 기능성을 가치 있게 여긴 다음 시대의 사람들이 바 로크 스타일을 거부한 것은 어쩌면 당연한 일이었다.

옆 페이지 바로크 양식을 잘 보여주는 뷔르츠부르크 궁전의 장엄한 계단실

쾨니히스플라츠

KÖNIGSPLATZ IN MÜNCHEN

고대의 두 번째 유행

1991년 9월 19일, 독일 외치 계곡의 하우슬랍요흐(Hauslabjoch)에서 미라 한 구가 발견되었다. 이 미라는 '아이스맨 외치'라 불리며, 발견된 지 몇 시간 지나지 않아 그 해 최고의 화제로 떠올랐다. 냉동상태로 발견된 미라는 장비와 의복, 위 속 내용물, 치아의 상태, 문신 등을 온전히 갖추고 있었다. 흔적이 거의 존재하지 않았던 전설적인 한 시대를 들여다볼 수 있는 결정적인 증거물이 발견되었으니 학계가 열광한 것은 당연했다.

1763년에 고고학자들이 나폴리 근처의 한 유적에서 '폼페이의 공적인 일들(Res Publica Pompeianorum)'이라고 새겨진 서판을 발굴했다는 소식이 전 유럽을 휩쓸었을 때, 당시 사람들의 반응도 이와 비슷했을 것이다. '폼페이의 공적인 일들'이란 '폼페이 시 행정'이라는 뜻이다. 이 서판은 전설처럼 전해지던 폼페이를 발견했다는 결정적인 증거가 되어 전 유럽에 돌풍을 일으켰다.

고대예찬 – 그리스 전성기의 모습 ·· 1825년에 칼 프리드리히 쉰켈이 그린 그림 중 하나를 1836년에
빌헬름 알보른이 모사한 것으로 현재 베를린 국립박물관이 소장하고 있다.

발굴작업 ·· 1748년부터 체계적인 폼페이 발굴이 시작되었다. 온전한 상태로 발굴된 최초의 건물들 중
하나는 이시스 신전이었다. 그림은 18세기 후반의 발굴 작업 장면을 묘사하고 있다.

글립토테크

건축가 레오 폰 클렌체

건축 시기 1816년~1830년

특징 글립토테크는 쾨니히스플라츠에 있는 고전주의 건물들 중의 하나다. 독일에서 가장 유명한 이 고전주의 건축물은 마치 고대의 신전 같은 모습을 하고 있다. 형태뿐 아니라 자연석(여기서는 이를러슈타인 산 녹색사암이 사용되었다)을 사용한 것 역시 고전주의 건축의 전형적인 특징이다. 글립토테크는 독일에서 최초로 그리스와 이탈리아, 이집트의 조각들을 모아놓은 공공 조각전시장이다.

20세기에 '아이스맨 외치'가 발견된 사건처럼, 폼페이 발굴 역시 오래 전의 전설로만 여겨졌던 장소가 고스란히 보존된 채 대중의 눈앞에 나타난 대사건이었다. 폼페이의 용암층 밑에서 하나하나 발견된 유적들에 대한 이야기는 마치 바람을 타고 번지듯 순식간에 퍼져나갔다. 임대가옥과 상점, 모퉁이 선술집, 심지어 유곽이 있는 거리 전체가 발견되었고, 목욕탕과 정원, 화가가 공을 들인 벽화와 모자이크 장식이 있는 아름다운 별장들도 발견되었다. 그뿐 아니라 베수비오 산의 이글거리는 용암으로부터 자신을 지키려 발버둥치던 사람들의 모습이 그대로 새겨진 흔적들도 발견되었다. 서기 79년 8월 24일에 일어난 무시무시한 재앙의 순간이 섬뜩하게 포착된 일종의 스냅사진이었다. 전 유럽은 광란의 도가니에 빠져들었고, 여유가 있는 사람들은 폼페이의 유적을 직접 보고 고대의 분위기를 현장에서 느끼기 위해 서둘러 이탈리아로 몰려갔다. 그 무리에는 모차르트도 있었고 하이네와 괴테도 있었다.

폼페이(와 이웃마을 헤르쿨라네움) 열광을 배경으로 한 고대에 대한 찬탄은 르네상스 이후로 예술사에서 고대가 다시금 인기를 얻게 된 핵심적인 근거였다. 이 사건이 중요한 또 하나의 이유는 고대 그리스가 노예제 사회였음에도 이곳이 민주주의의 발상지로 간주되었다는 점이다. 도시국가 아테네의 주민들은 18세기 중반에 형성되기 시작한 시민혁명 세력의 모범이 되었다. 당시 상류 귀족계급은 너무나 오랫동안 다른 사람들을 착취하고 희생시키며 흥청망청 살아왔다. 이제 파티는 끝났다. 1789년 7월 14일에 일어난 파리의 바스티유 감옥 습격은 자유를 사랑하는 모든 유럽인들의 감정이라는 건초더미에 하나의 불씨로 떨어져 눈 깜짝할 사이에 파도처럼 넘실대는 반란의 불꽃으로 번져나갔다.

뮌헨의 쾨니히스플라츠

르네상스는 고대를 꼭 그대로 따라 만든 것이 아니라고 했던 힐트 교수의 말을 기억하는가? 그러나 고전주의라면 이야기가 다르다. 고전주의에서는 고대 건축물들을 그대로 모방하는 것이 지침이 되었다. 그래서 19세기 초에 바이에른의 왕 루트비히 1세는 궁정 건축가 레오 폰 클렌체에게 뮌헨을 '이자르 강가의 아테네'로 만들어달라고 주문했다. 그 결과 탄생한 것이 고전주의 건축물들이 자리한 쾨니히스플라츠(왕의 광장)였다. 쾨니히스플라츠에는 세 개의 건축물이 앙상블을 이루고 있는데, 이 건물들은 각자 특정한 고대의 양식에 따라 지어졌다. '글립토테크'는 이오니아식 기둥으로 장식되었고, 그 맞은편에 코린트식 기둥으로 장식된 '국립 고대예술박물관'은 마치 코린트의 신전을 보는 듯하며, 아테네 아크로폴리스의 입구 문을 재현해놓은 '프로필레엔'은 도리스식 기둥이 지탱하고 있다. 한마디로 쾨니히스플라츠는 고개를 두 번만 돌리면 고대 그리스의 세 가지 기둥 양식(33페이지)의 원형을 관찰할 수 있는 이상적인 장소다. 그러나 오해하지 말아야 할 것은 고대를 그대로 모방한 것은 외부의 파사드뿐이고 그 바탕이 된 건축술은 19세기 초의 최신 기술이라는 점이다.

이 건축물의 혁명적인 요소는 고대의 건축 양식을 사용했다는 것뿐 아니라 용도 면에서도 드러난다. 글립토테크와 고대예술박물관의 용도가 당시로서는 매우 신기하고도 새로운 공간인 박물관이었기 때문이다. 즉 이곳에서는 귀중한 예술품을 누구나 직접 가까이에서 볼 수 있었다. 지난 수백 년 동안 예술품들은 군주의 두꺼운 성벽 뒤에 감춰져 있었기 때문에 보통 사람이 작품을 본다는 것은 감히 꿈도 꾸기 어

이자르 강가의 아테네 ·· 이오니아식 기둥들이 있는 중앙 현관지붕(포르티코)은 뮌헨에 있는 단층건축물인 글립토테크의 두드러진 특징이다.

려운 일이었다. 박물관이라는 개념은 1753년, 런던에 영국박물관(British Museum)을 개관한 잉글랜드에서 처음 생겨났으며 이곳은 오늘날까지도 전원 무료입장 제도를 유지하고 있는 문화사적으로 대단히 중요한 박물관이다. 이곳에는 관람객들의 관심어린 시선을 기다리는 예술작품들이 700만 점에 달한다고 하니 영국박물관에 갈 때는 충분한 시간 여유를 가지는 것이 좋겠다. 프랑스에서도 1793년에 국민의회가 왕실 예술품 컬렉션을 파리에 있는 공공 박물관으로 옮기기로 결정했고, 이것이 루브르 박물관의 시초가 되었다.

고대의 이상적인 건축물 ‥ 건축가 레오 폰 클렌체는 1846년에 그린 이 그림 〈아크로폴리스와 아레오파고스가 있는 아테네 시의 이상적인 조망〉에서도 알 수 있듯이 고대를 깊이 탐구한 화가이기도 했다. 이 작품은 뮌헨의 노이에 피나코텍에 소장되어 있다.

1830년에 개관한 뮌헨의 글립토테크에는 고대의 열렬한 팬이었던 바이에른의 왕 루트비히 1세의 지시에 따라 세계적인 수준의 그리스 · 로마의 조각품들이 모이게 되었다. 1848년에 문을 연 고대미술관에는 지금으로부터 3000년 전부터 서기 400년경까지 그리스와 에트루리아, 로마에서 만들어진 꽃병과 청동기, 테라코타, 유리와 장신구 등 공예 작품들이 소장되었다. "비할 데 없이 아름다운 전시공간입니다." 뷘셰 교수는 1994년부터 글립토테크와 고대예술박물관의 관장으로 있으니 사심이 전혀 반영되지 않았다고 할 수는 없겠지만, 그래도 이러한 평가에는 대부분의 사람들이 동의할 것이다.

수정궁

CRYSTAL PALACE

'네오'가 살짝 가미된 '레트로'

역사주의 건축도 고전주의와 마찬가지로 과거의 건축 양식으로 돌아가자는 것이지만 그 동기가 이전과는 달랐다. 고전주의에서 고대의 양식을 되살린 이유가 바로크의 절대주의에 대한 반동을 뜻하는 정치적 행동이었다면, 역사주의는 새로운 역사의식과 좋았던 옛날에 대한 그리움이 뒤섞여 있는 사조였다.

19세기의 세계는 어떤 모습이었을까? 산업혁명 이후 아름답고 목가적인 슈바르츠발트 계곡 지역까지 도처에 공장들이 들어서기 시작했다. 공장들은 낮이나 밤이나 굴뚝에서 유황연기를 여과 없이 내뿜었고 유독성 폐수는 거침 없이 개천과 강으로 흘러들었다. 그뿐만이 아니었다. 사람들은 쥐꼬리만 한 최저임금이라도 벌기 위해 하루 열두 시간을 뼈 빠지게 일했으며 일거리가 있는 곳이라면 어디든 몰려들었다. 심지어 공장주들이 어린아이들까지 고용하는 것조차 착취라고 여기지

극심한 주택난 ·· 19세기가 끝나갈 무렵 베를린은 대만원 상태였고, 수도로 물밀듯이 몰려든 수많은 노동자 가정들이 적당한 가격으로 구할 수 있는 주택은 극히 드물었다. 이 사진은 1903년 뫼커른슈트라세 115번지의 한 노동자 집안을 촬영한 것이다.

않았고 일종의 사회적 기여라고 여겼다. 아이들은 밖에 나가 놀지도 못하고 빠듯한 가족의 생활비를 조금이라도 보태기 위해 일을 했다. 당시 노동자들의 평균적인 주거 형태는 방이 둘(부엌 겸 거실과 침실)이고 화장실은 집 밖에 있었다. "주택용 건물 안에서도 다시 층에 따라 사회적 공간적 차등이 생겼다. 1층을 기준으로 위로 올라갈수록 생활의 질은 떨어졌다. 그러므로 다세대주택에서는 지하실과 다락방의 주거환경이 최악이었다. 지하실에서는 곰팡이 핀 축축한 벽이 한여름에도 바짝 마르는 법이 없었고 퀴퀴한 곰팡내는 간신히 조그맣게 뚫려 있는 창문으로는 (그조차 없는 경우도 있었지만) 잘 빠져나가지도 않았다. 다락방에서도 사정은 별로 다르지 않아 여름에는 너무 덥고 겨울에는 너무 추웠다. 나무판자

수정궁

건축가 조지프 팩스턴
건축 시기 1851년
특징 이 박람회장의 구조는 그 자체로서 온전한 미학을 지닌 건축기술의 새로운 토대가 되었다. 길이가 약 600미터에 달하는 이 공학적 건물은 기계적으로 대량생산된 기본 자재들을 건축 부지에서 조립한 것으로, 공업적으로 규격화되어 생산된 건축재료들에 대한 인상적인 사례다. 특히 골조로 사용된 주철은 하중이 무겁고 경간이 긴 건축물에서 버팀목과 대들보로 쓰기에 매우 좋은 건축재료였다.

로 벽을 친 외풍 센 방으로 들어가기 위해 힘겹게 계단을 올라가는 일은 노인들에게 견딜 수 없이 고생스러웠다. 그러니 일단 올라가면 여간해서는 다시 내려가려 하지 않았다. 사실상 그들은 자기 방의 네 벽 안에서 수감자처럼 살았다."

이러한 비참한 삶을 몸소 겪은 것은 노동자계급뿐이었지만 당시 사회의 암담한 생활환경은 다른 계층 사람들 역시 좋았던 옛 시절에 대한 그리움을 품게 만들었다. 강물은 깨끗했고 냇물은 맑았으며 벌거숭이가 아닌 숲에는 요정과 정령이 살았던 시절, 탐욕스러운 자본가와 비참한 프롤레타리아가 아닌 고결한 영주와 성실한 농부가 살았던 시절 말이다. 당시 사람들의 마음 속에 중세는 지금보다 더 나은 세계가 존재했던 시대였다. 따라서 과거는 낭만적인 동경의 대상이 되었다. 이와 동시에 사실 중세가 영주들의 폭정이 판을 치고 화형대의 불꽃이 활활 타오르던 시대였다는 사실은 짐짓 모르는 척했다.

건축 또한 '네오'라는 이름을 붙이며 이 새로운 흐름에 합류했다. 과거에 한 번이라도 존재했던 양식들은 모조리 감탄하고 모방하며 서로 조합하고는 '네오'라는 접두사를 붙였다. '신낭만주의', '네오-고딕', '네오-르네상스', '네오-바로크' 등이 이러한 흐름 안에서 태어났으며, 당시 지어진 학교와 양조장, 우체국, 시청 등 모든 건축물의 형태가 이 '새로운 복고'의 물결 속에서 만들어졌다.

하지만 오늘날 우리가 1840년대 말부터 1870년대 초까지 지어진 건축물에서 좋아하는 요소들, 예를 들어 천장에 장미 모양으로 치장한 벽토장식이나 박공형 창, 외벽장식 등은 사실 대량생산된 공산품이었다. 그리고 이 '네오 디자인' 장식과 건축자재들은 악취 나는 굴뚝과 착취당하는 노동자들이 있는 공장에서 온 것이었다. 예전에는 집을 지을 때 숙련된 목공들이 손수 정교하게 다듬은 목재 들보를 사용했다면, 이제는 박봉을 받고 일하는 미숙한 노동자들이 컨베이어벨트에서 빠른 속도로 주철 지주를 만들고, 그것을 철도로 짧은 시간에 건축부지 근처로 실어 날랐다. 이렇게 건축 자재를 적은 비용으로 공업화하여 생산할 수 있게 되면서 건축은 어마어마한 추진력을 받게 되었다.

런던의 수정궁

1851년에 대영제국이 하이드파크에서 세계박람회를 개최하기로 결정했다. 이에 따라 전국의 모든 건축가에게 세계시장에서 영국이 차지하는 위치에 걸맞은 영국 전시관 설계도 제출을 요구했을 때, 그 설계도가 독특하고 웅장하게 보여야 한다는 것은 누구든지 분명히 알 수 있었다. 당시 영국은 세계 무역시장에서 이론의 여지가 없는 정상의 자리를 지키고 있었으니 말이다.

그런데 그 공고에는 한 가지 기묘한 요구사항이 있었다. 하이드파크에 있는 오래된 나무들에게 해를 입히지 않도록 건물을 지어야 한다는 것이었다. 대부분의 제출자들은 이런 제한에 좌절을 느꼈지만 한 정원건축가에게 이것은 절호의 기회였다. 조지프 팩스턴은 유리천장이 몇몇 거대한 느릅나무의 우듬지들까지 너끈히 넘어설 정도로 높은 초대형 온실의 설계도를 제출했다. 건물 한가운데에 오래된 고목들이 서 있는 웅장한 전시관이라니! 이 아이디어는 당연히 심사위원들로부터 최고의 지지를 얻었다.

이 건축물에 관한 기록적인 내용은 그뿐이 아니다. 먼저 수정궁의

대단한 구경거리 ·· 아치형 천장이 있는 수정궁은 유리와 철로 지어졌으므로 실내 공간을 아주 밝게 만들 수 있었다. 그리고 당시에 그려진 이 그림에서 알 수 있듯이 연결 철골과 들보에는 색깔을 입혔다.

건축방식을 보자. 팩스턴은 벽돌로 벽을 쌓는 일을 전혀 하지 않는 대신, 모듈식으로 조립할 수 있고 사이에 유리도 끼워넣을 수 있는 주철로 된 자재들을 대량 생산했다.

그 규모 역시 대단했다. 9만 3000제곱미터의 면적에 길이는 500미터가 넘었고, 넓이는 약 150미터, 게다가 어디서나 투명하게 볼 수 있도록 시야가 탁 트여 있었다. 시선을 방해하는 벽이 전혀 없으니 완전히 새로운 공간감이 생겨났다! 수정궁의 또 다른 유명세는 바로 건축하는 데 걸린 시간이다. 이 거대한 유리건물은 겨우 넉 달만에 완성되었다. 마지막으로 이 건물에는 세계적으로 전례가 없던 획기적인 시설이 하나 있었으니, 수정궁은 수세식 공중화장실이 있는 최초의 공공건물이었다.

물론 나무들과 관련한 요구사항 때문에 몇 가지 골치 아픈 일들이 생기기는 했다. 거대한 전시관에는 느릅나무 몇 그루만 있었던 것이 아니라 유감스럽게도 그 나무들에 깃들어 살던 새들도 있었다. 이리저리 퍼드덕거리며 날아다니는 새들은 금세 사람들의 신경을 긁어댔다. 쉴 새 없이 소리를 질러댔을 뿐 아니라 사방에 새똥을 뿌리고 다니기까지 했다. 개회식 때 새똥이 빅토리아 여왕의 머리에 떨어질지도 모른다는 생각을 하자 충성스러운 주최자들은 진땀이 났다. 그들은 전전긍긍하며 수정궁에서 새들을 쫓아낼 좋은 방법을 궁리했다. 가장 쉬워보이는 방법-오리사냥꾼들에게 총알을 잔뜩 주고 처리를 맡긴다-은 유리 때문에 곧바로 포기했다. 마침내 찾아낸 해결책은 굶주린 매들을 수정궁 안에 풀어놓는 것이었다. 깃털 달린 이 정부업자들은 자신들이 맡은 소임을 더할 나위 없이 만족스럽게 해치웠다.

마침내 런던에서 열린 만국박람회는 대성공을 거두었고, 팩스턴은 그 즉시 스타 건축가가 되었다. 박람회가 끝난 뒤 수정궁은 해체되어 다른 곳에 다시 세워졌지만, 안타깝게도 1936년에 일어난 큰 화재로 소실되고 말았다.

크라이슬러 빌딩

CHRYSLER BUILDING

세계적인 높이 경쟁

8층이나 9층 정도의 건물을 걸어서 올라가 본 적이 있는가? 그런데 거기서 다시 10층을, 심지어 20층을 더 올라가야 한다면 어떤 기분일까? 여러분은 여기서 고층건물을 짓기 위한 가장 중요한 요소 중 하나가 무엇인지 알 수 있을 것이다. 바로 승강기의 발명이다. 사실 더 정확히 말하면 승강기에 필요한 안전장치의 발명이었다.

오래 전부터 사람들은 무거운 짐을 밧줄에 매달아 높이 끌어올릴 수 있다는 것을 알고 있었다. 하지만 만약 그 밧줄이 끊어진다면? 이에 관해 1854년에 엘리샤 그레이브 오티스라는 뛰어난 기술자가 뉴욕에서 실험을 했다. 그는 밧줄로 끌어올리는 플랫폼에 자신이 직접 올라타고 위로 올라가는 도중에 그 밧줄을 끊으라고 지시했나. 밑에서 이 광경을 구경하던 사람들은 숨을 죽였다. 모두들 플랫폼이 바닥에 떨어지고 오티스의 몸은 완전히 으스러질 것이라고 생각했다. 하지만 그런 일

편리한 교통의 중심지 ·· 미시간 호수의 하구들 사이에 자리 잡은 시카고는 선박 운항과 1848년에 개통한 철도 덕분에 활기찬 상업도시가 되었고 이주율도 매우 높아졌다. 1871년에 그려진 이 그림에서 대화재가 일어나기 전 시카고의 모습을 볼 수 있다.

은 일어나지 않았다. 그가 만든 정교한 안전장치가 용수철을 작동시켜 승강기를 레일에 끼어 움직이지 못하게 함으로써 추락을 막은 것이다. 이 시연 이후 사람들은 수직 수송기를 안심하고 사용하기 시작했다.

그리고 1871년에 우연히 일어난 화재가 고층 빌딩 경쟁의 도화선이 되었다(여기서 잠시 샤르트르 대성당의 화재를 기억해보자). 1871년 10월 8일 저녁, 시카고에서 대화재가 발생하였다. 불길은 이틀 동안 맹렬히 타오르며 도심 지역의 8제곱킬로미터에 달하는 면적을 초토화시켜 숯과 잿더미로 바꿔놓았다. 그야말로 대참사였다. 게다가 파괴된 도심지 8제곱킬로미터는 시카고에서 최고의 입지조건을 지닌 건축부지 8제곱킬로미터이기도 했다.

먼저 시카고의 부동산업자들이 입맛을 다시며 순식간에 땅값을 천정부지로 올려놓았다. 그 다음에는 건축주들이 나설 차례였다. 땅값이

위험한 시연 ·· 승강기 발명가 오티스가 새로운 안전제동기를 시연하고 있다. 밧줄을 끊었는데도 승강기가 멈춰 서자 그가 자신만만하게 증거를 보여주는 모습이다. 1854년에 그려진 그림이다.

그렇게 치솟았으니 가능한 한 최소의 면적에 최대의 층을 올릴 수 있는 방법과 수단을 찾아내야 했다. 마침 오티스의 승강기 덕분에 고층 빌딩 건설도 가능해진 터였다. 이러한 건축주들의 계산에 화재예방을 위해 더 이상 목조건물을 허가해주지 않는 시당국의 규정이 더해지면서 완전히 새로운 건축경향이 탄생했다. 바로 오늘날까지 주축을 이루고 있는 건축기법을 발전시킨 '시카고 학파'이다. 이제 고층건물들은 토대를 먼저 놓은 다음 튼튼한 벽을 세우고 나서 시붕을 만드는 조적식(組積式) 건축방식 대신 골조방식을 써서 높이 올리게 되었다. 사실 이 방법은 이미 중세부터 건축물에 적용했던 기술이었다. 건물을 지탱하는 것은 내부의 골조였다. 중세에는 목재 골조를 사용했지만 이제는 철제 대들보를 사용했다. 따라서 건물의 외피는 사실상 기상 현상으로부터 내부를 지켜주는 역할만 할 뿐이어서 전문용어로는 '커튼 월'(100페이지 참조), 즉 커튼 같은 벽이라고 불린다.

하지만 대부분의 성공적인 아이디어들이 그렇듯이 금세 더 좋은 아이디어들이 나와 최초의 아이디어를 따라잡고 능가해버리곤 한다. 건축도 예외는 아니었다. '시카고 학파'는 시카고에서 태어났지만 오늘날 우리는 마천루라고 하면 시카고보다는 뉴욕을 더 먼저 떠올린다.

뉴욕의 크라이슬러 빌딩

전 세계가 1929년의 주식시장붕괴로 경제공황에 빠져든 바로 그때 뉴욕에서는 기이한 경쟁이 벌어지고 있었다. 맨해튼 은행(월 스트리트 40번가)과 크라이슬러 자동차 회사(렉싱턴 405)가 '세계에서 가장 높은 건물'이라는 타이틀을 놓고 서로 겨루고 있었던 것이다. 크라이슬러 빌딩의 건축가 윌리엄 밴 알렌은 예상되는 높이가 282미터에 이르게 될 것이라고 자신만만하게 발표했다. 그러자 맨해튼 은행의 건축가 크레이그 세브런스는 몰래 거기에 1미터를 더해 283미터를 계획하고는 속으로 쾌재를 불렀다. 하지만 아직 좋아하기에는 이른 일이었다. 밴 알렌이 발표한 높이가 속임수였기 때문이다. 그는 건물 내부에 거대한 철판들을 보관해두었다가 맨해튼 은행 측에서 더 이상 대응할 수 없는 시점이 되자 그것들을 조립한 다음 크레인을 동원해 지붕 위로 끌어올렸다. 그리하여 이 마천루는 당황한 월가의 경쟁자들이 손 놓고 지켜보는 가운데

300미터를 넘은 최초의 건물 ‥ 이 고층 건물은 유명한 아르데코풍 첨탑 덕분에 뉴욕의 상징물 중 하나가 되었으며, 또한 최초로 스테인리스강을 사용한 건물 중 하나이기도 하다.

319미터까지 솟아올랐다. 이로써 크라이슬러 빌딩은 높이의 최고 기록을 차지했을 뿐 아니라 오늘날까지도 그 독특함을 유지하고 있는 기막히게 아름다운 아르데코풍 꼭대기를 지니게 되었다. 그러나 크라이슬러 빌딩의 세계기록은 겨우 1년 동안 유지되다가 381미터의 엠파이어스테이트 빌딩에게 밀려났다.

그때로부터 80여 년이 지난 오늘날, 고층 건물 건축은 그때와는 전혀 다른 수준에서 진행되고 있다. 현재 세계에서 가장 높은 건물인 부르즈 할리파(138페이지 참조)는 높이가 828미터로 앞서 살펴본 맨해튼의 두 경쟁 건물보다 500미터 이상 높다. 그러나 전문가들은 이 높이가 건물의 상한선이라고 생각하지 않는다. 기술적인 관점에서 그보다 더 높은 건물도 지을 수 있다는 것이다. 물론 재정적으로 감당할 수 있는지, 그리고 그 많은 주거공간과 상업용 공간을 모두 임대할 수 있는지는 따로 고민해야 할 문제다.

부르즈 할리파와 같은 초대형 건설 현장에는 풀어야할 여러 종류의 문제들이 있다. 예컨대 사막의 뜨거운 열기 속에서 그렇게 높은 곳

크라이슬러 빌딩

건축가 윌리엄 밴 알렌
건축 시기 1928년~1930년
특징 크라이슬러 빌딩은 높이가 319미터로 300미터를 넘어선 최초의 건물이었지만 완공 후 채 1년이 지나지 않아 더 높은 엠파이어스테이트 빌딩에게 밀리고 말았다. 이 두 마천루는 1930년대 고층 건물 건축의 기술적 도약을 잘 보여준다. 외관은 휠캡과 후드 마스코트, 가고일 등으로 장식한 아르데코 스타일이지만 그 이면에는 현대적인 골조 건축기술이 감춰져 있다.

커튼 월(Curtain Wall)

발터 그로피우스가 1911년에 공장 건물을 짓기 위해 개발한 '커튼 월'이 없었다면 철제와 유리로 구축된 현대 고층 건물 건축은 상상도 할 수 없었을 것이다. 벽체들이 각 층을 지탱해야 하는 조적식 건축방식과는 대조적으로, 철제골조 건축방식에서는 하중을 떠받치는 모든 역할을 형강(形鋼)으로 이루어진 견고한 내부 골조가 떠맡게 된다. 그리고 주로 금속과 유리로 이루어진 파사드가 마치 건물의 피부처럼 골조 밖에 커튼처럼 입혀진다. 따라서 커튼 월은 내부와 외부를 분리하고 건물의 외관을 결정하는 역할을 한다. 전체를 유리로 입힌 고층건물에 관한 구상은 이미 1920년대에도 있었지만, 고층건물의 투명한 미학은 1950년대에 들어서야 비로소 등장했다. 그 전에도 유리는 가격이 비교적 적당하여 거의 모든 형태의 건물에 마감재로 사용되곤 했다. 1958년에 뉴욕에 지어진 미스 반 데어 로에의 시그램 빌딩(183페이지 참조)은 황동을 입힌 알루미늄과 유리로 된 커튼 월이 마치 한 장의 유리처럼 보이는 철골 고층 건물로서, 이후 어떤 건물도 도달하지 못한 우아함을 지녀 현대 고층 건축물의 이상적 모범이 되었다.

까지 콘크리트를 충분히 빨리 올리려면 어떻게 해야 할까? 참고로 두 바이에서는 이 문제를 해결하기 위해 새로운 고성능 펌프 장치를 개발했다.

다음 문제, 이렇게 높은 건물에 승강기는 어떻게 설치해야 할까? 한 대의 승강기로 최대 몇 층까지 운행할 수 있을까? 승강기와 관련된 문제에 대해서는 미국의 오티스 사가 해답을 제시해주었다. 그렇다! 앞에서 나온 위험한 시연을 한 바로 그 사람이다. 엘리샤 그레이브 오티스는 실험 후에 승강기 회사를 설립했으며 이 회사는 오늘날까지 건재하다. 따라서 최초의 초고층 건물과 현재의 초고층 건물이 모두 오티스의 발명품과 연결된 것이라고 할 수 있겠다.

1935년경의 허드슨 강변 스카이라인 ·· 뉴욕 마천루 스카이라인 한가운데에 크라이슬러 빌딩이 하늘을 찌를 듯 서 있다.

스톤헨지에서 크라이슬러 빌딩까지

과연 이것이 전부인가?

건축처럼 수천 년의 역사를 지닌 문화를 겨우 아홉 개의 예시만 가지고 정말로 다 논할 수 있을까? 건축의 굵직한 발달 계보만을 보고자 한다면 물론 가능하다. 그러나 건축에 관한 상세한 내용들, 지역적이거나 세계적인 차이점들, 서로 유사한 양식이나 하위 양식까지 모두 배우고 싶다면 말도 안 되는 소리다!

1만 1000년에 이르는 건축의 역사를 이렇게 숨 가쁘게 훑어본 지금 두 가지 해명을 덧붙여야겠다.

첫째. 유럽 건축의 몇 가지 양식들은 여기서 찾아보지 못했다. 예를 들어 바로크의 뒤를 이어 등장한 과도하게 화려한 로코코도 없고, 꽃무늬 장식으로 대표되는 유겐트슈틸도 없다. 또 나치나 스탈린주의의 전체주의적 건축도 빠져 있다. 이런 양식들은 건축학적으로 새롭고 근본적인 개념을 내놓은 것이 아니라 기존의 기본 양식에서 한 단계 나아갔거나 그에 반대하여 구상된 것으로 이해할 수 있기 때문이다.

둘째. 건축은 다양한 문화 속에서 각자 다른 방식으로 발전해왔다.

마야의 건축 ·· 고대 도시 우쉬말에 있는 '마법사의 피라미드'는 서기 700년경에 만들어졌다. 전성기에
이 도시에는 25000명의 인구가 살았던 것으로 추정된다.

자금성 ·· 장기판 같은 형태의 설계도에 의해 1406년부터 1420년까지 베이징에 건설된 이 궁궐 단지는 약 890채의 궁궐로 이루어져 있다. 이곳은 약 5세기 동안 중국 황제들의 거처로 쓰였다.

기억하는가? 신석기시대 스톤헨지에서 바위덩이들을 가지고 끙끙거리고 있을 때, 이집트에서는 이미 사막에 높이가 150미터나 되는 피라미드를 세울 정도로 수준 높은 문화를 꽃피우고 있었다는 사실을. 문화와 건축 분야에서 유럽이 항상 세계의 중심이었던 것은 아니었으며, 세상의 다른 지역들이 문화적으로 더욱 뛰어난 능력을 발휘하던 시대들이 수차례 있었음을 확연하게 보여주는 인상적인 예들이 그밖에도 몇 가지 있다.

수도회들이 유럽의 횅한 땅 위에 수도원들의 그물망을 짜나가고 있던 7세기 무렵, 아메리카 대륙 중부에서는 수만 명의 인구가 거주했던 도시에서 마야 문명이 꽃을 피우고 있었다. 궁중백 하인리히 폰 라흐 2세가 마리아 라흐 수도원을 설립하고 있던 1093년에 예루살렘에서는 이슬람 건축의 걸작인 '바위의 돔'이 있었는데 그것은 이미 당시로부터 약 400년 전에 완성된 것이었다. 또 코시모 데 메디치가 자기 가문의 은행 건물 건축을 의뢰한 1444년보다 몇 년 앞서서, 베이징에서는 9999개의 방이 있는 황궁인 자금성이 완성되었다. 그로부터 2세기 후에 지어진 베르사유 궁전은 방이 겨우 1300개인데도 그 시대 최고의 것으로 칭송받았음을 기억하자. 30년 전쟁으로 완전히 지쳐버린 참전국들이 베스트팔렌에 모여 평화조약을 맺은 1648년, 그곳에서 직선거리로 몇 천 킬로미터 떨어진 인도의 아그라에서는 더할 수 없이 아름다운 묘이자 이슬람 건축의 상징인 타지마할이 완공되었다.

그러므로 전 세계를 기준으로 볼 때 건축이란 서로 명확하게 구분되는 양식들이 시대순으로 이어지는 것이 아니라 먼저 다양한 시도나 문화적 영향에 노출되고, 여기서 더 나아가거나 지연되는 형태로 각자 발전해나가고, 마지막으로 그 발전들이 서로 교차하거나 아니면 전혀 닿지 않을 수도 있는 하나의 살아 있는 시스템이다. 요컨대 대단히 복잡하고 전체를 한눈에 조망하기가 거의 불가능한 영역인 것이다. 그러므로 처음 건축을 접하는 사람이라면 우선 이 복잡하게 얽힌 여러 발전의 매듭 가운데 하나인 서양 건축의 흐름을 골라 자세히 알아보고 구체적인 사례들을 통해 역사적인 요인들과 실용적인 기능, 인류의 표현 욕구 등이 건축물의 유형과 양식에 어떻게 반영되어 왔는지를 제대로 이해하는 것이 중요할 것이다. 이렇게 준비를 마치고 나면 다음 단계에서 자신이 속한 문화의 경계선 밖으로 시선을 돌리는 일이 훨씬 수월해진다.

옆 페이지 **인도의 건축 예술** ·· 무굴제국의 황제가 죽은 아내를 위해 만든 묘인 타지마할은 1631년~1648년에 지어졌다. 인도 우타르프라데시 주 아그라에 있다.

02

다섯 가지 재료로
보는 건축기술

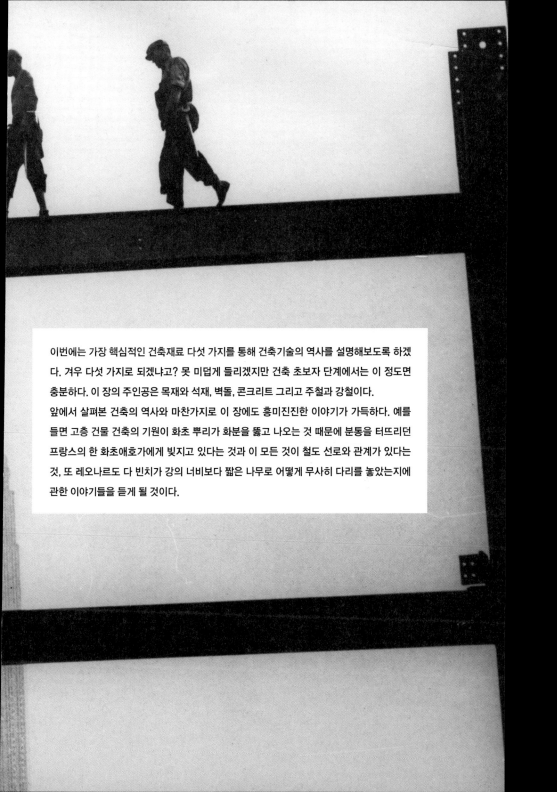

이번에는 가장 핵심적인 건축재료 다섯 가지를 통해 건축기술의 역사를 설명해보도록 하겠다. 겨우 다섯 가지로 되겠냐고? 못 미덥게 들리겠지만 건축 초보자 단계에서는 이 정도면 충분하다. 이 장의 주인공은 목재와 석재, 벽돌, 콘크리트 그리고 주철과 강철이다.

앞에서 살펴본 건축의 역사와 마찬가지로 이 장에도 흥미진진한 이야기가 가득하다. 예를 들면 고층 건물 건축의 기원이 화초 뿌리가 화분을 뚫고 나오는 것 때문에 분통을 터뜨리던 프랑스의 한 화초애호가에게 빚지고 있다는 것과 이 모든 것이 철도 선로와 관계가 있다는 것, 또 레오나르도 다 빈치가 강의 너비보다 짧은 나무로 어떻게 무사히 다리를 놓았는지에 관한 이야기들을 듣게 될 것이다.

목재

WOOD

최초의 건축재료인 목재의 장점은 척 보면 알 수 있는데, 일단 다루기가 쉽고 운반하기도 쉽다. 아니, 그런 것 같아 보인다. 하지만 항상 그런 것은 아니었다. 예컨대 신석기시대에 목재주택 한 채를 짓는 일은 한 씨족이 몇 달에 걸쳐 쉴 새 없이 부지런하게 움직여야 하는 일종의 코만도 작전 같았다. 보덴 호수에 한 가족이 살기에 적당한 수상가옥을 짓는 경우, 고고학자들은 집 지을 목재를 마련하는 데만 거의 두 달이 걸렸을 것으로 추산한다. 집짓기에 투입된 씨족 사람들은(나머지 사람들은 음식을 만들고, 수확을 하고, 가축들을 돌봤을 것이다) 6주에서 8주 동안 다른 일은 아무것도 하지 않고 오직 호수 주위를 돌아다니며 굵고 짧은 말뚝과 길고 가는 말뚝, 그리고 가장 중요한 두껍고 긴 말뚝을 찾아다녔다. 그중에서도 길이가 6미터 정도에 Y자로 갈라지는 모양이 제일 좋은데, 이는 나중에 가로로 놓는 마룻대로 쓰이게 된다. 당시 이들이 숲을 샅샅이 뒤지는 일은 오늘날 건축가들이 자재시장을 훑어보는 일과 같았을 것이다. 그들은 오직 '집 짓는 데 사용할 수 있는가'를 기준으로 주변

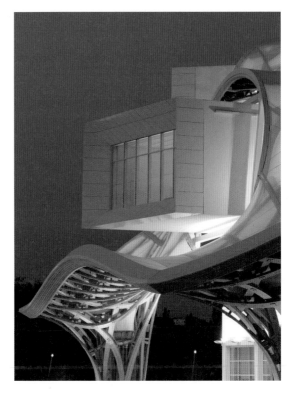

첨단 목재 건축 ·· 일본인 건축가 시게루 반의 퐁피두 메츠 센터. 2010년에 문을 연 이 건물은 오늘날의 목재 건축을 대표한다.

의 모든 나무와 식물을 살펴보았다. "저기 쐐기풀이 있네! 꼬아서 밧줄을 만들기 참 좋겠군. 여기에는 갈풀이 있구나! 두툼하게 단으로 엮어 튼튼한 지붕을 올리기에 제격인 재료다. 저 너머에는 버드나무 가지들이 있다! 엮어서 벽을 만들기에 더할 나위 없이 좋지. 그런데 빠진 것이…… 아, 그래, 저 뒤쪽 우묵한 땅에 점토가 있군! 저걸로 벽과 바닥의 틈을 메울 수 있겠다."

이렇게 약 두 달 동안 재료를 마련하고 나면 이제 집을 짓는 데 몇 달을 더 들여야 한다. 실내가 약 20제곱미터의 커다란 방 하나로 이루어진 수상가옥을 지으려면 300개 정도의 각목과 말뚝, 기둥을 모두 쌓았을 때 약 20세제곱미터가 되는 양의 목재가 들어간다. 한 씨족이 이를 다 마련하는 것은 결코 만만치 않은 일이었다.

목재는 건축의 역사에서 대단히 중요한 역할을 했다. 예를 들어 암스테르담이나 베네치아 같은 항구도시를 건설할 때가 그러했다. 두 도시에 위치한 거대한 석조가옥들의 토대는, 수상가옥의 건축방식을 따라 질퍽한 해저에 박아놓은 수백만 개의 나무기둥이 떠받치고 있다. 잠깐, 나무라고? 그것도 물속에? 혹시 나무가 썩어버리지 않을까? 그러나 결론부터 말하자면, 썩지 않는다. 그것이 바로 이 건축재료의 놀라운 점이다. 목재는 물에 완전히 잠겨 산소와 차단되면 그대로 보존된다. 문제는 해수면이 낮아져 나무기둥의 윗부분이 물 밖으로 드러날 때 생긴다. 하지만 현재는 지구온난화로 인한 해수면 상승 때문에 주로 그 반대의 경우가 일어나고 있다. 게다가 이런 나무기둥 토대는 내구성도 약할 뿐 아니라, 의도치 않게 최초의 환경 재앙을 초래하고 말았다. 한편, 베네치아와 암스테르담의 지반을 만들기 위한 벌목 때문에 삼림지대가 벌거숭이로 변한 것이다.

일찍이 중세의 건축주들은 목재를 매우 소중하게 여겨서 신석기시대부터 오늘날까지도 활용되는 '골조 건축기술'을 한층 발전시켰다. 이는 나무기둥들을 서로 묶어 탄탄하고 촘촘한 틀을 만든 다음 그 사이 공간을 돌이나 점토로 채워넣는 방식이다. 여러분은 앞서 1장에서 이처럼 벽이 건물의 무게를 지탱하는 기능을 전혀 하지 않는 건축물들을 본 적이 있다. 예를 들어 샤르트르 대성당이나 크라이슬러 빌딩이 그렇다.

동양 문화와의 만남 ·· 목재의 골조가 드러난 퐁피두 메츠 센터의 지붕은 마치 벼농사 지역의 초가 지붕을 연상하게 한다.

더 알아보기 ▸ 목골조 건축기술

목골조는 역사적으로 중부 유럽에서 가장 널리 퍼진 건축술이다. 목골조건축은 13세기부터 이전의 목조건축술을 대체하기 시작했는데, 건축용 목재를 싼값에 쉽게 조달할 수 있었던 독일과 프랑스, 영국에서 특히 많이 쓰였고 도시주택과 농가, 마구간, 헛간, 창고뿐 아니라 교회와 성, 귀족의 궁전, 시청 등도 이러한 건축방식으로 지어졌다.

목골조는 하중을 떠받치는 목재 골조틀과 떠받치는 기능은 전혀 없이 속만 채우는 패널 부분으로 이루어진다. 패널은 나무로 엮은 격자에 건초와 점토를 섞어 발라 만들 수도 있고, 자연석이나 어도비 점토, 벽돌로 만들 수도 있다. 목재를 서로 접착하거나 나사로 고정하는 대신 톱으로 빗 모양이나 판자 모양으로 자른 것을 끼워 맞추거나 장부촉(한 부재의 구멍에 끼울 수 있도록 다른 부재의 끝을 못처럼 뾰족하게 만든 것)을 써서 맞추었다.

이 건축 방식은 기본적으로 두 가지로 나뉜다. '층구축방식'에서는 외벽의 기둥이 건물의 토대에서 시작해 지붕의 시작 지점까지 닿고, 들보들의 가장자리는 벽체를 이루는 직립기둥들과 장부촉으로 연결된다. 그리고 '돌출들보방식' 또는 '각층구축방식'에서는 기둥의 높이가 한 층의 높이와 같으며, 그 기둥 위에 가로 들보를 올려 마감한 다음 그 위에 다시 새로운 층을 올리기 위한 돌출들보를 올린다.

목골조 건물의 한 벽은 수평으로 놓은 바닥 목재와 그 위에 세운 기둥, 그리고 그 기둥들 위쪽에 연결된 가로 목재로 이루어진다. 여기에 사선으로 놓인 목재가 전체를 안정적으로 고정한다. 따라서 건물 정면의 모습은 촘촘하게 배열된 목재들, 또는 앞으로 돌출된 위쪽의 층에 따라 결정된다. 현관이나 창의 측면 돌출부를 장식한 조각은 15세기 말에 가서야 등장했다.

바로크시대에는 건물의 긴 면이 도로와 면하도록 짓는 경우가 많았으므로 이 새로운 건축 유형은 독일 전역에 퍼져나갔다. 18세기부터 도시의 목골조 주택들은 당시 멋지다고 여겨졌던 석조건물처럼 보이게 하려고 회반죽을 바르거나 단색으로 칠을 하는 경우가 점점 많아졌다. 시골에서는 19세기 중반까지도 목골조건축 방식을 가장 많이 사용했다. 그 후로는 벽돌이 목골조건축을 몰아냈다.

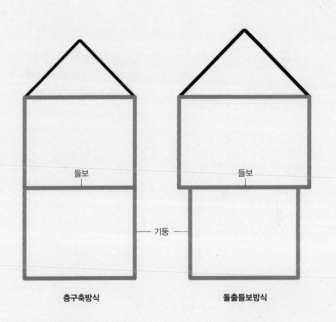

층구축방식   돌출들보방식

위 **돌출들보방식** ·· 알스펠트 시청사의 목골조는 돌출들보방식으로 지어져 너비가 다른 각 층이 포개져 있다. 위층은 아래층보다 더 많은 공간을 차지했고, 이로 인해 외관상 눈길을 끈다.

옆 페이지 위 왼쪽 중세 후반, 노르망디의 항구도시 옹플뢰르에 지어진 목골조 주택들.

옆 페이지 위 오른쪽 **화려한 장식** ·· 목골조 주택에서 가장 즐겨한 장식은 창문 밑 칸막이에 X자형 십자가를 넣는 것이었다. 슈바벤알프스 고원의 트로흐텔핑엔에 있는 목골조 주택들.

옆 페이지 아래 **목골조의 도시** ·· 크베들린부르크 구시가는 대부분 목골조 건물들로 이루어져 있다. 이 도시는 1994년에 유네스코 세계문화유산으로 등재되었다.

돌

STONE

돌은 목재에 비해 대단히 큰 장점이 있다. 나무는 산소를 차단시키지 않으면 썩지만 돌은 그에 비하면 영원하다고 할 만큼 내구성이 뛰어나다는 점이다. 배기가스와 산성비로 인한 손상만 제외한다면 말이다. 물론 단점도 있다. 다루고 수송하기에 너무 무겁다는 점이다. 특히 사람들이 돌도끼를 사용하고 아직 바퀴도 발명하지 못했던 시대에 이는 큰 문제였다.

스톤헨지가 우리에게 경이로운 신비를 안겨주는 것도 바로 그 때문이다. 신석기시대 사람들은 수십 톤이나 나가는 그 무거운 바위들을 어떻게 240킬로미터나 떨어진 곳까지 옮겨왔던 것일까? 사람들 사이에서 이에 대한 가설들이 속속 등장했다. 예컨대 한 실험에 따르면 8톤이 나가는 바위를 얼어붙은 땅과 얼음, 눈 위에서 옮기는 시도를 해보았는데 바위의 무게가 바닥을 너무 심하게 내리눌렀기 때문에 바닥에 조금만 울퉁불퉁한 부분이 있어도 극복할 수 없는 장애물이 되었다고 한다. 굴림대를 사용하여 옮기는 일도 대단히 복잡한 작업이었다. 실험

고대 그리스의 주랑 현관 ·· 1956년에 복원한 아탈로스 스토아는 아테네의 시장 광장인 아고라의 일부였다. 스토아에는 여러 용도가 있었지만 특히 모임 장소로 많이 쓰였다.

을 한 이들은 "나무굴림대들은 커브를 돌 때도 정확하게 평형을 유지하며 굴러가야 한다. 이를 위해 레일의 높이가 똑같아야 하고, 여기에 하중을 받쳐줄 수레도 필요했다."고 이야기했다.

또 다른 가설에 따르면 스톤헨지를 만든 사람들은 손가락 하나 까딱하지 않고 바위를 운반했다고 한다. 더럼 대학의 지질학자 브라이언 존은 《블루스톤의 수수께끼》라는 책에서 40만 년 전의 빙하기에 빙하가 오늘날의 스톤헨지가 있는 곳까지 그 바위들을 밀고 왔고, 사람들은 그곳에 원형으로 놓여 있던 바위들을 일으켜 세우기만 했을 거라고 주장했다.

최근의 가설 중에는 영국의 고고학자 앤드류 영이 내놓은 것이 흥미롭다. 그는 스코틀랜드에 있는 어느 환상열석 근처에 거의 똑같이 생긴 테니스공만한 크기의 공 모양 돌들이 모여 있는 것을 발견했다. 한 자리에 모여 있는 이 엄청난 수의 돌들은 일종의 볼베어링 역할을 하여 그 거대한 바위들을 옮기는 데 쓰였던 것은 아닐까?

스톤헨지의 건설 과정에 대해 사람들이 아직 알지 못하는 것이 많지만 그만큼 밝혀낼 수 있는 여지도 많다. 예컨대 신석기시대의 건축가가 돌을 일으켜 세운 방식 같은 것 말이다. 그들은 바위의 한쪽 끝쪽에 우묵한 구덩이를 파고 지렛대로 반대쪽 끝을 들어올려 바위가 그 구멍으로 미끄러져 들어가게 했다. 지렛대의 작용에 대한 이러한 지식은 이후 몇 세기를 거치는 동안 점점 더 정교해져서 고대문명기에 최초의 전성기를 구가했다. 사람들은 케이블윈치나 도르래같은 실용적인 도구들을 가지고 보다 정교한 건축물을 만들어냈다.

오늘날 파르테논 앞에 가보면 우선 믿기지 않을 만큼 정밀한 석재 가공 솜씨에서 깊은 감동을 받게 된다. 층을 이루며 쌓인 기둥의 원통 조각들 사이에 칼날 하나 들어갈 틈새도 없기 때문이다. 이와 관련해 자주 간과되는 중요한 사실이 있는데, 신전의 수많은 기둥들이 단순히 압도적인 시각적 효과를 위해 세워진 것이 아니라는 점이다. 기둥들을 그렇게 빽빽하게 세우지 않았다면 석조 대들보인 아키트레이브는 그 자체의 인장하중 때문에 버티지 못하고 무너졌을 것이다.

그리스의 석조건축에서는 집회에 쓰일 만큼 넓고 탁 트인 공간이 있는 건축물에 대한 개념이 없었다. 그래서 그리스의 주랑에서는 기둥들 때문에 연설자의 모습을 볼 수 없었다. 물론 유난히 날씨가 좋은 지역에 살던 그리스인들에게 행사용으로 쓸 넓은 실내공간이 없다는 것은 별로 아쉬운 일이 아니었다. 많은 사람들에게 전달할 사항이 있을 때는 야외의 맑은 하늘 아래에서 이야기하면 되었으니 말이다. 넓은 홀

 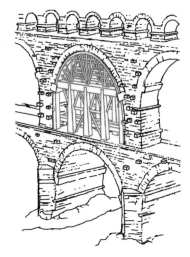

왼쪽 **패각 석회로 만든 아치** ·· 벽체 곳곳에 불규칙하게 튀어나온 돌들은 가르교 건설 당시 비계를 고정하던 지점이다.

오른쪽 **아치틀** ·· 목재로 아치의 형태를 만든 아치틀. 이 틀의 모양에 따라 쐐기 모양의 돌들을 쌓은 다음 나중에 틀을 빼냈다. 그러면 돌들이 서로 밀착하면서 고정되고, 아치가 저절로 지탱된다.

을 짓는 일은 로마인들에 이르러서야 가능해졌다.

　이제 우리는 기원전 50년의 일을 이야기하려 한다. 당시에는 갈리아 지방 전체가 로마의 수중에 들어가 있었다. 이 지역 사람들은 남쪽에 있는 네마우수스(오늘날의 님)에 시급히 물을 공급해야했다. 그곳에서 20킬로미터 떨어진 산속에는 수량이 풍부한 샘이 있었다. 사람들은 수도시설을 만들어 그 샘물을 네마우수스로 끌어오기로 했다. 하지만 샘에서 네마우수스까지 수로를 놓을 경우 직선거리로는 20킬로미터지만, 그 사이에 있는 산맥 때문에 실제로는 그 거리가 50킬로미터로 늘어났다. 이는 당시의 기술자들에게 골치 아픈 문제였다. 샘이 위치한 곳의 고도는 네마우수스보다 겨우 12미터 높았기 때문에 송수로의 낙

차는 1킬로미터당 24센티미터 이하로 설계해야 했다. 그렇지 않으면 도시에 도착하기도 전에 물이 지반에 먼저 닿고 말았을 것이다. 해결해야 할 문제는 그것만이 아니었다. 샘과 도시 사이에는 50미터 깊이의 협곡이 가로지르고 있었는데, 그 사이로 가르동 강이 세차게 흐르고 있었다. 그러니 송수관이 지나갈 길은 강 위를 넘어가는 수밖에 없었다. 그리하여 로마인들은 먼저 275미터 길이의 아치형 다리를 건설하고, 그 위에 또 하나의 아치형 다리를 놓고, 마침내 세 번째 아치형 다리를 올리고서야 협곡의 왼쪽 가장자리에서 오른쪽 가장자리를 연결하는 데 충분한 높이를 확보할 수 있었다. 그때 로마인들이 다리를 얼마나 정확하게 지었는지, 제일 위쪽 송수로에서도 겨우 몇 센티미터의 편차밖에 없을 정도였다.

이 굉장한 건축물의 토대가 된 것이 바로 아치건축기법이었다. 당시의 건축가들은 아치를 만들기 위해 먼저 윗부분이 반원 형태인 목재 비계, 즉 아치틀을 세운다. 그런 다음 그 틀의 수직선을 따라 돌을 차곡차곡 쌓고 반원형이 시작되는 부분부터 쐐기꼴의 돌들을 쌓아나간다. 마침내 아치가 만들어지면 아래에서 돌들을 받치고 있던 아치틀을 철거했고, 그러면 돌들이 서로 쐐기처럼 맞물리면서 아치가 전혀 무너지지 않게 되었다. 이는 대단한 안정성을 확보할 수 있는 건축방법이었다. 그리고 오늘날까지도 가르교는 전혀 흐트러짐 없이 그대로 서 있다.

가르교 ·· 협곡을 가로지르는 아름다운 다리. 프랑스 남부에 있는 가르교는 물 공급을 위한 송수교였다. 최고 수질의 샘물 2만 세제곱미터가 매일 저 송수로를 지나갔다.

벽돌

BRICK

점토가 정말 근사한 물질이라는 것은 기원전 6500년경의 메소포타미아 사람들도 잘 알고 있었다. 그들은 축축한 진흙을 접시와 항아리 모양으로 빚어 햇빛에 말렸다. 점토를 나무를 촘촘하게 엮은 틀에 채워 바르면 튼튼한 벽도 만들 수 있었다.

틀을 짤 나무보다 점토가 더 많았던 지역에서 누군가가 나무를 절약할 수 있는 획기적인 아이디어를 냈다. 점토를 적은 양씩 뭉쳐 반듯한 모양으로 만들어 말리고, 나중에 그것을 쌓아 튼튼한 벽을 만든다는 아이디어였다. 최초의 점토벽돌은 바로 이렇게 만들어졌다.

벽돌은 만들기도 쉽고 운반하기도 쉬우며 건축에 활용하기도 쉬운 재료이다. 게다가 진흙은 실내 공기를 쾌적하고 서늘하게 만들어준다. 벽돌은 이렇게 장점이 많다. 하지만 말려서 만든 탓에 강도가 약하다는 단점이 있었다. 2009년에 폴란드와 루마니아에서 대홍수가 났을 때의 사진을 보면, 오래된 농가 주택이나 헛간들의 지붕이 땅바닥에 널려 있는 모습을 볼 수 있다. 아주 오래전에 어도비 벽돌로 지었던 건물들이

가장 탁월한 돔 ·· 피렌체의 산타 마리아 델 피오레 대성당. 오늘날까지도 이 규모를 능가하는 석재 돔은 없다.

수만 톤에 달하는 돔 ·· 대리석으로 된 저 첨탑에는 사람이 올라가 볼 수 있다. 이중벽으로 된 석재 돔 안쪽에 있는 463계단을 오르면 된다. 다 오르고나면 황홀한 전망이 고생을 보상해 줄 것이다.

홍수가 나자 마치 수프 냄비 속에 들어간 고형 육수처럼 녹아버렸으니 그곳에 살던 사람들에게는 그야말로 엄청난 재앙이었다.

결론적으로 벽돌은 일단 고온에서 구운 다음에야 제 역할을 할 수 있다. 굽는 온도는 최소한 900도가 되어야 하고, 비바람을 잘 견디는 외벽용으로 쓸 벽돌이라면 1300도에서 구워야 한다. 고대 문명권에서 이렇게 높은 온도를 만들어내는 일은 분명 불가능했을 것이다. 벽돌 역시 로마시대에 이르러서야 획기적인 돌파구를 만날 수 있었고, 로마인들은 벽돌로 공중목욕탕과 홀, 아치와 돔과 다리를 만들었다.

그러나 건축사에서 벽돌에 얽힌 가장 흥미진진한 이야기는 몇 세기가 더 지나 르네상스와 함께 시작되었다. 독일 브라운슈바이크 공과

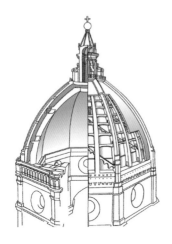

왼쪽 **기발한 구조** ·· 24개의 수직 버팀목들 중 8개는 밖에서 볼 때 흰색 측륵으로 보인다. 목재와 돌, 철로 된 고리 형태의 거멀장이 돔 구조를 안정적으로 유지하는 것을 돕는다. 브루넬레스키는 돔의 벽을 쌓을 때 벽돌들이 안쪽으로 기울어지도록 했고, 돔의 외벽과 내벽 사이에 수평과 수직의 받침대들을 설치했다.

오른쪽 **돔의 천장화** ·· 르네상스시대의 화가 조르조 바사리는 1572년에 피렌체 산타 마리아 델 피오레 대성당의 돔 장식을 했다.

대학의 우도 파일은 이 거대한 피렌체 돔 건설에 얽힌 이야기를 한 권의 책으로 묶어내기도 했는데, 마치 건축범죄소설처럼 느껴질 정도다.

피렌체 시민들은 이미 1294년에 새 대성당을 짓기로 결정했지만 전쟁과 재정난, 무시무시한 흑사병의 발발로 이 계획의 실행은 계속해서 지연되고 있었다. 그러다가 마침내 1367년, 네리 디 피오라반티를 대표로 한 전문가 집단이 거대한 돔이 있는 멋진 설계도를 제출했다. 이는 무척이나 대담한 계획이었지만 한 가지 약점이 있었다. 그 거대한 돔을 지을 기술적인 방법에 관해서는 아무런 언급도 없었던 것이다. 그런데도 피렌체의 의뢰자들은 이 설계안에 찬성했다. 그들이 제일 중요하게 여겼던 점은 이 설계가 고딕 양식이 아니라는 것, 즉 피렌체가 적

돔의 원리 ·· 럭비경기의 스크럼은 돔에 작용하는 힘들을 이해하기 쉽게 보여준다. 팔에서는 수평의 압력이 작용하고, 그 힘은 발과 바닥의 마찰을 통해 땅바닥으로 옮겨가 방출된다.

으로 간주하던 밀라노나 독일, 프랑스의 것과는 다른 스타일로 지어질 예정이라는 사실이었다. 우도 파일은 이것이 피렌체가 터무니없는 결정을 하게 된 정치적 배경이었다고 말한다. 건축적으로 아무리 큰 위험을 감수해야 한다고 해도 피렌체 사람들은 개의치 않았고, 누군가가 나타나 이 문제를 실현할 수 있을 때까지 계속해서 돔을 짓는 시도를 했다. 마침내 1418년, 피렌체에 그런 사람이 나타났다. 그는 필리포 브루넬레스키라는 금세공사로 겨우 스물네 살의 청년이었다. 피렌체는 운이 좋았다. 이 젊은이는 출세에 눈이 먼 투기꾼이 아니라 특출한 재능을 가진 순수한 예술가였다. 의뢰인들이 그에게 요구한 것은 1367년에 결정된 네리의 설계를 정확하게 그대로 구현하는 것이었다. 사람들은 이 거대한 돔이 교회 바닥에서 88미터 정도 높이에 위치할 것이라 기대했다. 사실 피렌체의 산 조반니 세례당을 비롯하여 그때까지 알려진 돔 건축물들은 모두 높이가 그 절반 정도에 지나지 않았다.

돔 건축은 이 건물의 결정적인 장점이 되었다. 건물을 짓는 동시에 건물 내부에서 아치틀을 쌓아올린 다음 꼭대기에서 돔을 올리는 것이 가능했기 때문이다. 아치틀을 철거하면 궁륭은 저절로 지탱된다. 이 원리는 예전에 로마인들이 아치를 건축할 때 사용했던 방법이기도 했다(121페이지 참조). 그런데 피렌체에서는 이 방법도 소용이 없었다. 그렇게 거대한 돔의 틀을 만들려면 세쿼이아 나무가 적어도 700그루는 필요했고, 세쿼이아 나무가 많이 자라는 아메리카 대륙이 발견되기까지는 70년을 더 기다려야 했다. 그럼 어떻게 해야 할까? 어느 꾀 많은 사람이 교회 내부를 모래로 가득 채우고 그 위에 돔을 올리자고 제안했다. 게다가 그는 모래를 다시 밖으로 빼내는 묘안도 갖고 있었다. 피렌체의 가난한 시민들이 양동이로 모래를 퍼내도록 미리 모래 속에 은화를 섞어 두자는 것이었다.

이러한 해법에 확신을 가질 수 없었던 브루넬레스키에게는 한 가지 가능성밖에 남아 있지 않았다. 건축의 모든 단계에서 스스로 하중을 지탱할 수 있는 구조물을 고안해내는 것이다. 집짓기 블록으로 만든 탑 두 개의 윗부분을 서로 연결하려고 시도해본 적이 있는 사람이라면, 이 스물네 살 청년이 하려던 일이 어떤 것인지 짐작이 될 것이다. 그는 이 문제를 기발한 방법으로 해결했다. 벽돌 자체가 제공해준 기능 덕분이었다. 브루넬레스키는 벽돌들을 쐐기 모양으로 쌓았다. 그렇게 하면 벽돌들이 수평과 수직으로 번갈아 쌓이면서 서로 맞물리게 되고, 벽이 점점 안쪽으로 기울어지며 돔의 형태를 갖추는 동안에도 자체의 무게 때문에 미끄러져 떨어지는 일이 생기지 않는 것이다.

마침내 거대한 돔이 안정적으로 맞물렸을 때, 브루넬레스키는 안도의 한숨을 내쉴 수 있었다. 돔에는 형태를 안정시키는 커다란 힘이 작용하고 있었다. 럭비경기에서 선수들이 스크럼을 짜고 있는 사진을 보면 그 힘을 쉽고 분명하게 이해할 수 있을 것이다.

양 팀의 선수들이 우람한 상체들을 쐐기처럼 서로 얽은 채 각자 불도저처럼 있는 힘을 다해 밀어댄다고 해도, 양 팀의 힘이 똑같다면 스크럼은 전혀 움직이지 않는다. 땀범벅이 되어 끙끙대고 있는 그 사람들의 더미가 가운데에서 무너질 것이라고 걱정하는 사람은 아무도 없다. 오히려 이 스크럼 위에 크레인으로 소형차 한 대를 올려놓아도 문제가 없을 거라고 여겨질 정도다. 아마 선수들은 끄떡도 하지 않을 것이다. 그리고 브루넬레스키도 그 굳건한 돔 위에 장식 하나를 더 얹었다. 바로 피렌체의 상징물인 이 대성당에 독특함을 부여한, 500톤이나 되는 대리석으로 만들어진 그 유명한 첨탑이다(126페이지 참조).

그건 그렇고, 이 돔 건축에는 몇 가지 특별한 조치가 필요했다. 건설 현장 자체가 워낙 높은 곳에 위치하고 있어, 인부들은 하루 종일 비계 위에 머물러야 했다. 그러자 브루넬레스키는 비계 위에 간이식당과 화장실을 설치했다. 게다가 브루넬레스키는 모든 벽돌을 하나하나 자기 손으로 두드려 검토했다는 이야기도 전해진다.

달걀을 활용해 위원회를 설득하는 브루넬레스키 ·· 브루넬레스키가 피렌체의 돔 건축 위원회에서 달걀 하나를 가지고 자신이 생각한 돔 구조의 하중능력을 입증하고 있다. 주세페 파토리가 1878년에 그린 그림.

12세기 중엽부터 북해와 발트해를 따라 벽돌건축과 벽돌산업이 발전해나갔다. 일찍이 해안과 가까운 지역에서는 점토가 풍부했지만, 다루기 힘든 화강암을 제외하고는 이렇다 할 자연석이 없었다. 이후 북쪽과 북동쪽의 슬라브 지역까지 기독교를 전파한 시토 교단과 프레몽트레회 수도사들이 로마 지역에서 벽돌제조 기술을 들여왔다. 그리고 한자동맹은 그 가맹 도시들에서 건축붐이 이는 조건을 마련해주었다. 프랑스 북부의 고딕성당 건축에서 영감을 받아, 뤼벡의 성 마리아 성당을 필두로 북해를 따라 리가까지 이르는 한자 도시들에서 지어진 건축물들은 일련의 웅장한 벽돌교회 무리를 탄생시켰다. 우리는 이 건축술의 전성기를 '벽돌고딕'이라고 칭한다.

북독일과 발트해 연안 국가들의 한자 항구도시들은 북유럽 도시들 중에서는 처음으로 성당이 아닌 다른 건축물에도 벽돌을 사용하였다. 이 도시들은 화재 위험 때문에 금지되었던 목재 기둥과 초가 지붕을 대신하여 불에 타지 않는 벽돌로 건물을 지었다. 시청사와 병원, 시민들의 회관, 그리고 뤼벡의 홀슈타인 성문과 같은 많은 성문들이 벽돌로 지어졌다. 중세 독일기사단들의 본부 격인 마리엔부르크 성을 필두로 유럽에서는 벽돌로 성을 짓는 일이 시작되었다.

벽돌건축에서는 무엇보다도 건축의 명료함과 평면성이 가장 우선시된다. 또한 다양한 색깔의 유약을 발라 구운 벽돌이나 조각을 새긴 벽돌, 모양을 내어 구운 벽돌, 테라코타를 건물의 프리즈나 돌림띠, 돋을새김판 등의 장식으로 활용함으로써 밋밋한 평면에 매력적인 생동감을 더했다. 이후 부유한 상인계층의 과시욕이 커져감에 따라 건축물의 장식적 경향도 점점 심해져 벽돌건축은 15세기와 16세기 초에 그 전성기를 맞게 되었다.

왼쪽 **되돌아온 유행** ·· 예전에 벽돌은 비용이 적게 드는 건축재료였다. 그러나 오늘날에는 벽돌건축이 비용이 많이 든다. 따라서 옛날에 지어진 벽돌건축 농가들이 최근 다시 인기를 끌고 있다.

오른쪽 **벽돌고딕 양식의 모델** ·· 뤼벡의 성 마리아 성당은 뤼벡 의회의 추진으로 1251년에 착공되었다. 고딕 성당 건축에서 외부에 벽돌로 버팀벽을 쌓는 방식은 이 성당에서 처음으로 사용된 것이다.

거대한 궁륭 ·· 성 마리아 성당의 궁륭은 높이가 40미터로, 벽돌로 만든 궁륭 중 세계에서 가장 높다.

콘크리트

CONCRETE

"인류가 처음으로 콘크리트 건물을 짓기 시작한 때는 과연 언제일까
요?" 뷘셰 교수가 강연에서 이 질문을 던지면, 대부분 약 100년이나
150년 전부터라는 대답이 돌아온다. 하지만 틀렸다. 우리는 콘크리트
가 현대의 건축재료라고 생각하지만 사실 이는 오해다. 고대 로마에서
도 콘크리트, 당시의 명칭으로는 '오푸스 카이멘티움(Opus Caementium)'으
로 건물을 지었기 때문이다. 여러분도 눈치 챘겠지만 이 단어는 '시멘
트'의 어원이기도 하다.

사람들이 모래와 태운 석회, 물을 섞어서 말리면 뼈처럼 단단한 덩
어리가 된다는 사실을 알게 된 것은 무려 2000년 전의 일이다. 이 원리
를 로마인들이 천재적으로 구현한 건축물이자 세계적으로 유명한 건
물이 바로 하드리아누스 황제가 서기 120년경에 건설을 명한 판테온
이다.

판테온이 세상에서 가장 잘 보존된 고대 건축물로 남아 있을 수 있
는 것은 오랜 세월 동안 수많은 관광객들의 발길이 비교적 덜 닿았기 덕

만신전 ·· 로마의 판테온은 모든 신을 위한 신전이다. 원통형 건물 위에 돔이 자리 잡고 있으나 사진에서는 가려져 보이지 않는다.

분이다. 뷘셰 교수는 "대부분의 사람들은 굶주린 사자와 순교자에 대한 오싹한 이야기가 있는 콜로세움을 더 좋아하기 때문이지요."라고 웃으며 말한다. 하지만 로마를 잘 아는 이들이라면, 버스를 타고 피아자 광장에 내려 판테온으로 갈 것이다.

특이한 점 하나. 이 만신전은 내부에 지름 43.3미터의 구를 넣을 수 있는 형태로 만들어졌다. 격자천장 뒤에는 여러 개의 콘크리트 링들이 감춰져 있고, 이 링들은 위로 올라갈수록 좁아지며 돔을 형성한다. 로마인들은 이 링들을 거푸집에 부어 만들었는데, 그 중 가장 위쪽에 자리한 링은 무게를 줄이기 위해 구멍이 많은 부석을 섞어 만들었다. 다시 말해 고대 로마인들과 현재 우리의 건축술에는 그다지 큰 차이가 없다. 그러나 안타깝게도 로마제국이 멸망하면서 이 기술까지 함께 사라

오푸스 카이멘티움 ·· 고대의 콘크리트, 오푸스 카이멘티움로 만들어진 로마 판테온의 돔은 2000년 가까이 그대로 유지되고 있다.

져버렸다. 거의 1000년 동안 사람들은 잘 부스러지는 회반죽을 건축재료로 사용했고, 단단하지 않은 탓에 벽의 틈을 메우는 용도로밖에 쓸 수가 없었다. 콘크리트는 1755년이 되어서야 재발견되었다. 당시 새롭게 발견된 이 재료를 활용해 존 스미턴은 잉글랜드의 거센 남쪽 바다에 콘크리트로 토대를 만든 등대를 세웠다.

그 후 콘크리트는 원예를 사랑하지만 자신의 테라코타 화분들이 너무 빨리 못 쓰게 되어버리는 통에 참을 수 없이 화가 나 있던 한 프랑스인에 의해 그야말로 비약적인 발전을 이루게 된다. 하지만 콘크리트를 부어 화분을 만들었다고 해서 그의 불만이 모두 해결된 것은 아니었다. 화초의 뿌리가 빠른 속도로 콘크리트를 뚫고 밖으로 튀어나왔기 때문이다. 그는 그물처럼 엮은 철 막대들로 콘크리트를 보강했고, 그 후 마음의 평화를 얻었다. 조셉 모니에라는 이 남자는 자신의 발명품이 지닌 잠재력을 즉각 파악하고 1867년에 철근과 콘크리트의 혼합물에 대한 특허를 신청했다. 철근 강화 콘크리트는 이렇게 발명되었다. 여러분 중에는 모니에라는 이름이 익숙하게 들리는 사람도 있을 것이다. 콘크리트 속에 넣는 긴 물결무늬 강철막대를 뜻하는 '모니에 철근'이라는 단어가 오늘날에도 쓰이고 있으니 말이다.

건물들이 점점 더 높이 치솟은 것은 철근 콘크리트가 등장하고서

판테온의 돔 ·· 건물에서 힘이 가장 강하게 작용하는 부분인 돔의 꼭대기 부분에 구멍이 뚫려 있다. 그리스어로 '오파이온'이라고 불리는 이 돔의 둥근 창 주위에는 압력링이 설치되어 있다.

하늘을 찌르는 바늘 ·· 아래는 넓고, 위는 좁고. 2010년에 완공된 828미터의 부르즈 할리파는 콘크리트와 강철로 된 거대한 플랫폼 위에 서 있다.

야(96페이지에서 볼 수 있듯이 여기에 승강기의 발명도 합세하여) 가능해진 일이었다. 세계에서 가장 높은 건물의 기록은 19세기 말부터 계속 갱신을 거듭했고, 최근의 기록은 2010년에 세워졌다. 현재 두바이에 있는 부르즈 할리파가 828미터의 높이로 세계에서 가장 높은 건물이다.

이제 건축가들은 비전문가는 상상도 할 수 없는, 완전히 새로운 종류의 문제들에 직면하게 되었다. 이를테면 이런 것이다. "어떻게 하면 콘크리트를 그렇게 높은 곳까지, 뜨거운 사막의 열기로 인해 도중에 굳지 않도록 빨리 올려보낼 수 있을까?" 이 때문에 두바이에서는 특별히 초고속 초고성능 펌프 시스템을 개발했고, 그 펌프를 야간에만 작동시켰다. 해결해야 할 문제는 또 있었다. "초고층에 사는 입주자들이 멀미가 나지 않게 하려면 어떻게 해야 할까?" 얼핏 엉뚱한 질문 같아 보일지도 모르겠다. 아라비아 반도에서는 '샤말'이라는 사막 북서풍이 자주 부는데 이 바람은 종종 막강한 폭풍으로 돌변한다. 그리고 이 바람의 이동 방향 중심에 높은 건물이 버티고 있는 경우, 그 건물을 마치 요트의 돛처럼 휘감고 힘껏 밀어댄다. 요트는 돛에 바람의 압력이 가해져 힘차게 움직이는 것이 당연하지만, 아무도 자기 집이 그렇게 움직이기를 바라지는 않을 것이다. 여기서 그 강한 바람을 맞고 있는 것은 건물이다. 경험법칙에 따르면 이런 바람이 불 때 마천루들은 제 높이의 5퍼센트 정도로 흔들린다고 한다. 그러니 828미터의 부르즈 할리파는 약 1.6미터 정도로 흔들릴 터인데, 이 정도면 건물의 상층부에서는 멀미를 느끼기에 충분하다. 그러나 고층건물들에는 진동감쇠기가 내장되어 있어, 지진이 일어났을 때 중심을 잡는 역할을 한다. 예를 들어 대만의 타이페이 101(높이 508미터)의 상층부에서는 거대한 강철구가 건물이 심하게 흔들리는 것을 막아준다. 막중한 중량과 관성으로 건물의 흔들

거대한 진동감쇠기 ‥ 타이페이 101에서는 660톤의 강철구가 건물의 흔들림을 막아준다.

림을 억제하는 것이다.

초고층 건물을 짓는 건축가들은 강풍과 지진을 견디는 내진설계가 그 문제를 확실히 해결해줄 것이라 믿는다. 이러한 관점에서 볼 때, 그리고 구조역학과 관련하여 생각해볼 때 마천루들은 앞으로도 더 높아질 것이다. 전문가들은 높이 1킬로미터가 넘는 건물을 짓는 일이 큰일은 아니라고 전망한다.

예컨대 189층의 부르즈 할리파는 200개의 거대한 콘크리트 기둥 위에 서 있고, 이 기둥들을 다시 거대한 토대 받침대가 지탱하고 있다. 어떤 사람들은 이런 건축물에 경외감을 느끼지만, 기본적인 원리를 따지자면 베네치아와 암스테르담에 지어진 가옥의 토대 구축과 다를 게 없다고 생각하는 이들도 있다. 결국 어떤 관점으로 보느냐의 문제다.

101층 건물 ·· 타이페이 101이라는 이름의 타이완 파이낸셜 센터의 비취색 건물은 508미터의 높이로 '오피스 빌딩'으로는 지금도 세계에서 가장 높다. 그 모습이 마치 거대한 대나무 같다.

주철 · 강철

CAST IRON · STEEL

1세기에 산속 샘물을 님으로 보내려 했던 사람들과 1773년에 콜브룩데일의 철광석을 잉글랜드 남부로 보내려고 했던 사람들은 똑같은 문제에 직면해 있었다. 전원을 가로지르며 흐르는 커다란 강이 있는 골짜기를 극복해야 하는 것이었다. 1700년이라는 세월의 격차가 있지만 해결책은 비슷했다. 바로 골짜기 위에 다리를 놓아 넘어가는 것이었다.

먼저 프랑스 남부의 가르교를 보자(123페이지 참조). 이 건축물을 직접 보면 우리는 로마의 건축술이 그 시대에 벌써 얼마나 발전했는지 경탄하게 된다. 그러나 또 다른 유명한 다리, 슈르즈버리와 콜브룩데일 사이의 세번 강가에 놓인 철교를 바라보면 일단 실망부터 하게 된다. 이게 뭐야? 이 작은 다리가 세계적으로 유명한 그 다리라고? 그렇다. 이 다리는 세계 최초로 전체를 금속으로 만든 다리이다. 일단 1773년으로 돌아가보자. 필립 제임스 드 루테르부르가 그린 〈콜브룩데일의 야경〉을 보면 제일 먼저 지옥이 떠오른다. 이글거리는 지옥 불같은 형상이 집들의 어두운 실루엣을 덮치고 있다. 그 불은 밤낮으로 일하며 석

이글거리는 지옥 ·· 루테르부르그가 1801년에 그린 〈콜브룩데일의 야경〉. 잉글랜드 중부의 세번 밸리에서는 석탄을 건류해 얻어낸 코크스를 사용하는 제철업이 산업혁명의 시동을 걸었다.

탄이 풍부한 그 소도시를 산업혁명의 요람으로 만들어준 용광로다. 제철소 소유주 에이브러햄 다비 3세는 수년 동안 성장을 거듭하다가 이제 자기 회사의 증대된 생산력에 걸맞게 교통로도 바꾸어야 한다고 주장했다. 세번 강에 (그의 상품을 실어나르던) 범선들의 돛대가 걸리지 않도록 높은 다리를 놓아야 한다는 것이었다. 제출된 설계안들은 대부분 목재와 벽돌 또는 석재로 된 전통적인 설계들이었는데 그중에 기존의 틀에서 벗어난 것이 딱 하나 있었다. 토머스 피처드라는 사람이 다리 전체를 주철로 짓자고 제안한 것이다. 이 설계안이 채택되자 건설에 필요한 재료 공급은 자연스럽게 다리의 건축 의뢰자이자 제철소 주인인 다비 3세가 맡았다.

건축과 제조가 합해진 이 새로운 방식은 그때까지 존재하지 않았

최초의 철교 ·· 1779년에 주철로 만든 자재들을 조립하여 완성한 콜브룩데일의 철교는 건축계에 혁명을 일으켰다. 이 다리는 19세기 건축의 개척자가 되었다.

던 혁신적인 기술이었을 뿐 아니라, 잉글랜드의 자본가들에게 여러 측면에서 상당한 매력을 발휘했다. 무엇보다 비싼 노동력을 지불해야 하는 기술자들의 임금을 절약할 수 있었다. 이제 건축 현장에서는 (목재를 재단하거나 잘라 필요한 부분들을 만드는 등) 공이 많이 드는 작업을 하는 기존의 목수들을 쓸 필요가 없었다. 다비는 실용적인 모듈식 건축방식을 개발했다. 목수들은 필요한 부품들을 한 번만 만들면 되었고, 이것을 모형으로 거푸집을 제작했다. 이를 통해 작업에 서투른 기술자들도 건축에 필요한 부품들을 주물로 쉽게 만들 수 있었다.

이제 건축 현장은 비용과 시간이 많이 드는 수작업에 의존하지 않았다. 건축에 필요한 각 요소들은 저렴하고 신속하게 생산되었다. 공사에 필요한 부품들을 철도를 이용해 곧바로 건축현장으로 실어날랐고,

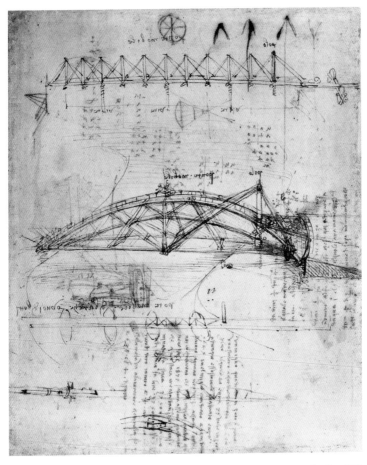

천재적 아이디어 ·· 레오나르도 다 빈치가 그린, 움직이는 다리를 만들기 위한 세 가지 설계. 《코덱스 아틀란티쿠스》에 실린 펜화 스케치. 1490년경.

현장에서는 값싼 노동력을 동원해 집이든 다리든 설계도에 따라 조립만 하면 되었다. 마치 오늘날 이케아(IKEA)의 조상 격인 건축방식이다. 이 방식은 이후 수정궁(88페이지 참조) 같은 건물을 지을 수 있도록 한 기

철을 가공하는 과정

주철과 강철의 원료는 세계 곳곳에 존재하는 철광석인데, 물론 여기에는 철을 함유하지 않은 광물들도 함께 결합되어 있다. 철광석에서 사용 가능한 철을 얻으려면 우선 다른 광물들과 철(라틴어로 'ferrum')을 분리해야 한다. 화학적으로 볼 때 가장 중요한 것은 철과 산소의 결합물인 산화철이다. 먼저 산화철에서 산소를 분리하여 선철(銑鐵)을 얻는데, 이 선철을 다시 제련하여 주철과 강철을 만드는 원료로 쓴다. 산화철에서 선철을 얻는 과정에서는 석탄의 특성을 활용한다. 석탄을 산화철과 함께 가열하면 거기서 나온 탄소가 산화철 속의 산소와 결합하여 철에서 산소를 분리해낸다. 그 결과 만들어지는 것이 액체상태의 선철인데 이것을 주철로 사용할 수 있는 것이다. 주철에는 탄소가 2퍼센트 이상 함유되어 있다. 조강(粗鋼)을 만들려면 또 한 번의 배소과정을 거쳐 탄소함유율을 2퍼센트 이하로 낮추어야 한다.

술적 뒷받침이 되었다.

물론 주철이라는 재료에도 한계는 있었다. 주철은 빨리 제작할 수 있었고, 대단히 단단하며 내구성이 뛰어난 건축 재료이지만 단점은 탄력이 없다는 것이다. 주철의 이러한 특성은 건물의 높이에도 영향을 미친다. 앞서 부르즈 할리파의 경우에서도 보았듯 높은 건물들은 돌풍이 있는 곳에서 큰 폭으로 흔들리게 된다. 그런데 유연성이 없는 주철은 이런 왕복운동을 견디지 못하고 부러지고 마는 것이다. 이 문제의 돌파구는 유연성이 있는 압연강이 개발되면서 찾아왔다. 오늘날까지 철강 분야의 베스트셀러 자리를 지키고 있는 아이빔(I-beam)은 압연강을 원료로 만든 것이다. 아이빔의 대표적인 형태 중 하나는 우리에게 매우 익숙한데, 바로 철로다. 1863년부터 아이빔 한 쌍과 침목을 함께 놓기 시작한 것이 이후 미국의 동부와 서부를 연결하는 거의 3000킬로미터에 달하는 철로가 되었다. 그런데 철로를 놓던 누군가가 이러한 방식을 활용하면 굉장히 높은 건물도 지을 수 있다는 사실을 알아냈다. 즉, 아이빔은 미국의 넓이뿐 아니라 높이까지 크게 확장시킨 셈이다.

가장 중요한 것은 구조

사실 재료가 돌이든 나무든 벽돌이든 콘크리트든 강철이든 큰 상관은 없다. 중요한 것은 다음의 세 가지 질문이다. '그 재료를 가지고 무엇을 세우는가', '그것을 제대로 활용하고 있는가', '재료의 한계를 제대로 알고 있는가'. 제대로 된 건축물을 짓기 위해서는 실패하고 또 배우는 고생스러운 시행착오의 과정을 거쳐야 한다. 사람들이 생각의 오류, 계산의 오류, 구조의 오류를 깨닫게 되기까지 건축의 역사에서 얼마나 많은 궁륭들과 다리들과 집들이 무너졌을까?

　새로운 건물의 형태를 만들어낸다는 것은 언제나 그 결과를 예측할 수 없는 모험이다. 1247년에 기욤 주교의 의뢰를 받아 보베 대성당의 내진을 몇 미터 더 높이려고 시도했던 건축가는 대실패를 경험했지만, 그로부터 5세기 뒤 드레스덴의 성모 교회를 지은 게오르크 베어는 간단하게 성공했다. 두 건축가 중 아무도 자신의 건축물이 실현가능한 것인지 또 안전하게 유지될 것인지를 미리 예측할 수 없었다. 보베 성당의 경우 그 구조를 유지하는 것이 문제였다. 하지만 독특한 돔이 있는 성모 교회는 1945년 2월의 무시무시한 공습으로 완전히 파괴되지만 않았다면, 오늘날까지도 처음에 건축된 상태 그대로 유지되었

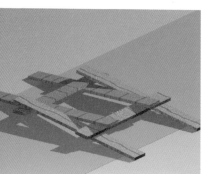

왼쪽 **천재의 아이디어** ·· 여섯 개의 판자로 이루어진 레오나르도 다리

오른쪽 **다 빈치 따라하기** ·· 레오나르도 다 빈치의 고향 빈치에 있는 '뮤제오 이데알레'에서는 이 르네상스 예술가의 스케치를 보고 실제로 그 다리를 만들어놓았다.

을 것이다.

대담하고 독특한 설계와 구조는 건축가들에게 일종의 마약 같은 강한 쾌감을 안겨주기도 한다. 여러분도 '레오나르도 다리' 같은 매혹적인 건축물의 세계로 들어가보면 그 기분 좋은 자극을 몸소 느낄 수 있을 것이다. 이 다리는 길이가 같은 목재 몇 개만으로 만들어졌는데, 놀라운 것은 여기에 쓰인 목재들이 모두 강의 너비보다 짧다는 것이다. 그런데도 이 다리는 아주 튼튼하게 지어졌다. 그 비밀은 세계적인 천재 레오나르도 다 빈치가 15세기 말에 확립해 모든 이들의 존경을 불러일으킨 한 원리에 있다. 즉, 여섯 개의 통나무를 각 나무들이 쐐기처럼 서로 맞물려 고정되도록 배치하면 못도 나사도 밧줄도 없이 스스로 지탱하는 아치형 다리를 만들 수 있다는 것이다.

재건 ·· 게오르크 베어가 드레스덴에 지은 바로크 양식의 성모교회(1726년~1743년 건설)는 폐허에서 구해
낸 돌들을 사용해 1994년부터 2005년까지 다시 지어졌다.

03

건축의 세 주인공

역사상 수백만 채의 건물을 세우는 데 참여했던 수십억 명의 사람들을 간단하게 정리해보면, 건축에 들어가는 모든 비용을 대는 건축주, 건물을 설계하고 구현하는 건축가, 그리고 그 건물에 거주하는 사용자로 나눌 수 있다. 만약 어느 건축가가 자신의 집을 설계하고, 건설 비용을 내고, 그곳에 직접 산다면 가장 이상적일 것이다. 하지만 이러한 경우는 극히 드물다. 실제 건축 현장에서는 건축가의 창의성과 건축주의 인색함이 충돌하는 경우가 무척 많으며, 이로 인한 격렬한 다툼도 심심찮게 벌어진다. 건축의 역사 속에도 그런 흥미진진한 갈등 과 사건이 가득한데, 이제부터 그중 재미있는 사건 몇 가지를 함께 살펴보자.

건축가

사람들은 '건축가'라고 하면 흔히 도시적이고 멋진 이미지를 떠올린다. 독일에서 건축가들의 소득은 그리 나쁘지 않은 편이지만, 어떤 일을 하느냐에 따라서 천차만별이다. 이를테면 작은 차고를 짓는 데 고용된 건축가인지, 아니면 두바이의 부르즈 할리파 같은 어마어마한 프로젝트를 맡은 세계적인 건축사무소의 소장인지에 따라 그 보수가 크게 달라진다. 그러나 독일의 경우, 건축가의 보수는 자의로만 정해지는 것이 아니다. 독일에는 연방상원의 승인을 받은 '건축가와 엔지니어의 보수에 관한 법규(HOAI)'가 있어 이에 따라 건축가의 보수는 '매우 낮은 설계비'부터 '매우 높은 설계비'까지 총 다섯 단계로 나뉜다.

건축가는 건축 프로젝트의 심장과 같은 존재다. 그러므로 만약 건축가에게 나쁜 일이 생긴다면 그 영향은 프로젝트의 모든 측면으로 퍼지게 된다. 따라서 프로젝트를 진행할 때, 건축에 들어가는 비용 외에 건축가에게 가장 필요한 것은 바로 어떤 상황에서도 흔들리지 않는 강인한 정신력이다.

건축가의 집 ‥ 건축가 프랭크 로이드 라이트는 1911년부터 자신의 집이자 작업실인 탤리에신을 짓기 시작했다. 시카고에서 300킬로미터 떨어져 있는 이곳은 48년 동안 그의 작업과 인생의 구심점이었다. 이 건물은 그가 추구한 '유기적' 건축, 즉 자연에서 파생된 건축을 위한 실험실로 간주된다.

자연과의 조화 ·· 1936년에 지어진 '낙수장'은 프랭크 로이드 라이트가 환경으로부터 어떻게 영감을 얻었고, 콘크리트의 조형적 가능성을 어떻게 활용했는지를 잘 보여준다. 이 집의 실내는 돌을 비롯한 자연소재들이 주를 이루고 있다.

그렇다면 건축의 역사를 꽃피우고 사람들의 주목을 받았던, 우리가 꼭 알아야 할 건축가에는 누가 있을까? 뷘셰 교수는 각각 르네상스시대와 바로크시대의 건축가인 안드레아 팔라디오와 발타자르 노이만을, 건축가인 힐트 교수는 현대건축가인 프랭크 로이드 라이트와 르 코르뷔지에, 그리고 미스 반 데어 로에를 꼽았다.

'더 아름다운 주택'의 창시자, 안드레아 팔라디오

안드레아 팔라디오가 태어난 날은 1508년 11월 8일인지 30일인지 확실하지 않다. 생년월일을 비롯해 그에 관한 전기적 사실들 중 정확히 알려진 것이 얼마 되지 않는다는 사실은 그가 역사적으로 가장 큰 영향력을 행사한 건축가 중 한 사람임을 생각할 때 매우 놀라운 일이다. 2008년에 독일의 신문《바디셰 차이퉁》의 문예란에는 그의 탄생 500주년을 기념하며 다음과 같은 제목의 글이 실렸다. "백악관은 그의 머리에서 나왔다."

　대체 이게 무슨 말인가? 르네상스시대와 미국의 대통령 관저 건축 사이에는 몇 세기나 되는 시간차가 있지 않은가? 사정은 이렇다. 1792년에 워싱턴에서 미래의 대통령 관저 건축 설계를 공모했을 때 훗날 대통령이 될 한 사람도 익명으로 응모를 했다. 팔라디오의 팬이었던 토머스 제퍼슨이 그의 가장 유명한 건물인 비첸차에 있는 빌라 로톤다(161페이지 참조)의 도면을 그대로 베껴서 제출한 것이다. 애석하게도 제퍼슨의 설계도는 채택되지 않았지만, 결국 이 공모전의 승리자는 팔라디오였다. 당선된 제임스 호반의 설계도 역시 명백히 이 르네상스시대의 스타 건축가를 차용했기 때문이다. 팔라디오는 가장 많이 모방된 건축가 중 한 명이다. 전문가들 중에서는 롤스로이스 자동차의 라디에이터 그릴마저도 팔라디오에게서 영감을 받아 만들어졌다고 생각하는 이들이 있다. 평소에는 여간해서 호들갑을 떨지 않는 런던 왕립미술아카데미조차 그를 "서구 건축의 역사에서 가장 중요한 인물"이라고 격찬했을 정도다.

　팔라디오 스타일의 대표적인 특징은 전 세계에 '팔라디오 모티브'

팔라디오 스타일 ·· 미국의 대통령 관저인 백악관은 아일랜드 출신 건축가 제임스 호반이 설계했고 1792년부터 1800년까지 지어졌다. 윌리엄 스트릭랜드의 애쿼틴트 판화, 1814년.

라고 알려진 베네치아식 창이다. 이 창은 중앙에 아치가 있고 그 양옆으로 좁은 사각형 트임이 있는 구성이다. 하지만 이는 팔라디오만의 새로운 발명품은 아니었다. 이 모티브는 로마 개선문의 아치를 비롯한 고대 로마의 여러 건축물에서 사용되었고, 이후 르네상스시대의 건축서에 다시 등장했다. 팔라디오는 이 모티브를 비첸차의 팔라초 델라 라조네 파사드에 적용했다. 그 후로 팔라디오 모티브는 건축가들 사이에서 수없이 모방되면서 유럽의 복고풍 유행으로 이어졌다.

팔라디오의 특기인 빌라 건축 중에서도 비첸차 시 외곽에 자리한 빌라 로톤다는 특히 사람들을 열광시킨 건물이었다. 팔라디오는 두 가

아치와 직선으로 이루어진 파사드 ·· 1548년에 팔라디오는 중세에 지어진 비첸차 시청사(팔라초 델라 라조네)를 개축하는 건축가 공모에서 당선되어 2층짜리 로지아 파사드를 다시 구현해냈다.

지 시대 흐름을 포착해 빌라 건축에 변화를 일으킨 당대의 트렌드세터였다. 1453년에 오스만제국이 콘스탄티노플을 점령하자 동방과 인도로 가던 전통적인 무역로가 막혀버렸다. 그러자 사람들은 인도로 가는 뱃길을 새롭게 찾아냈고, 그 결과 무역상들은 이탈리아에 속한 지중해 항구들만 거쳐야 하는 것이 아니라 네덜란드와 프랑스에 속한 대서양 항구들을 통해서도 무역을 할 수 있게 되었다. 이탈리아의 상인들과 무역상들은 해상무역이 급작스럽게 감소하자 어쩔 수 없이 국내의 농업으로 관심을 돌렸다. 팔라디오는 이러한 흐름을 타고 농촌 장원의 저택들을 하나씩 근대화해나갔다. 그는 모든 건물을 고대의 건축 아이디어

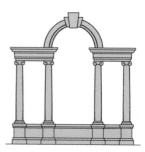

왼쪽 **빛과 그림자** ·· 팔라초 델라 라조네의 파사드에는 팔라디오 모티브가 사용되었다.

오른쪽 **팔라디오 모티브** ·· 중앙의 아치와 양옆의 좁은 사각 트임으로 이루어진 '베네치아식 창'으로도 불리는 이 배치를 통해 안드레아 팔라디오는 건축사에 길이 이름을 남겼다.

안드레아 팔라디오(Andrea Palladio)

1508년에 방앗간 주인의 아들로 태어난 안드레아 팔라디오는 먼저 조각과 석공일을 배웠다. 그런 다음 이탈리아 북부의 비첸차로 가서 건축가가 되는 교육을 받았다. 많은 별장과 궁전, 교회와 다리를 지은 이 건축가의 창의력은 고대의 건축형태들을 활용할 때 가장 잘 발휘되었다. 그가 죽기 얼마 전에 설계한 '테아트로 올림피코'는 최초의 고대풍 극장이었다. 1580년 8월 19일에 비첸차에서 사망했다.

들을 차용한 르네상스 양식으로 지었다. 예를 들어 그가 한 고위 성직자를 위해 지은 빌라 로톤다는 중앙에 원형 건물(로톤다)을 두어 로마의 판테온을 암시하는 형태로 만들었다. 그는 고대의 신전에서 모티브를 얻어 로톤다의 사방에 각각 이오니아식 기둥 여섯 개로 받친 네 개의 포르티코(현관지붕)를 세웠다. 사방에 네 개의 '신전 입구'가 있는 이 빌라는 당시 건축계에서 가장 신선한 시도였다. 특히 다음 세기의 잉글랜드 사람들이 이른바 '팔라디오식' 건축에 사로잡혔다. 당시 스스로 대단한 존재라고 여겼던 건축가들은 누구나 팔라디오처럼 건물을 지었다. 뷘셰 교수는 이를 두고 인류 역사상 처음으로 '아름다운 주거가 시작된 일'이라고 평한다. 이러한 흐름은 잉글랜드에서 미국으로 번졌고, 앞에서 이야기한 대로 백악관에까지 그 영향을 미쳤다.

하지만 당시 유행을 선도했던 멋진 빌라만이 팔라디오 건축의 전부라고 생각하면 큰 오산이다. 그의 다른 건축물 역시 너무나 아름답기 때문이다. 1550년부터 팔라디오의 설계로 베네치아에 지어진 몇 가지 건축물 중에 베네치아의 스카이라인에서 결코 빼놓을 수 없는 교회 건물이 두 개 있다. 산 조르조 마조레 섬에 있는 산 조르조 마조레 교회와 그와 이웃한 주데카 섬에 있는 일 레덴토레(구세주) 교회가 그 주인공들이다.

일 레덴토레 ·· 이 순례 교회는(1577년~1592년 건설) 팔라디오의 후기 작품이다. 멀리서 보면 세 개의
페디먼트가 보인다.

멋진 효과 ·· 팔라디오가 마지막으로 지은 교회 건물에
는 십자형의 '바실리카식'과 고대의 '중앙집중식'이라
는 사실상 서로 경쟁하던 두 건축 형식이 조합되어 있다.
일 레덴토레 교회의 실내는 고대 로마의 공중목욕탕 건
축을 모형으로 삼았다.

빌라 로톤다 ·· 언덕 위에 서 있는 빌라 로톤다(1566년~1570/1580년 건설)는 사방의 풍경을 향해 열려 있다. 이러한 자연지향성은 팔라디오의 빌라 건축에 나타나는 특징 중 하나로 초기 르네상스에 지어진 폐쇄적인 도시 궁전들과 대조된다.

고대를 참고하다 ··
원은 가장 고귀하고 완전한 건축 형태로 간주된다. 빌라 로톤다의 원형천장 홀은 고대 판테온과 비슷한 구조를 띠고 있다.

섬세한 감각을 지닌 성채 건축가,
발타자르 노이만

1945년 3월 16일은 뷔르츠부르크 시 운명의 날이었다. 이날 21시 25분에 영국군 폭격기가 폭탄과 기뢰를 투하해 이 바로크 도시의 지붕들과 창들을 파괴했다. 뒤이어 날아온 폭격기 두 편대는 바로 전의 공격으로 지붕이 파괴되어 드러난 수세기 전의 목재 지붕틀 사이로 30만 발의 소이탄을 퍼부었다. 눈 깜짝할 사이에 타오르기 시작한 불바다는 2000도까지 치솟아 온 도시를 집어삼켰고 사람, 동물, 건물 모두가 어떻게 해볼 도리도 없이 사라졌다. 전쟁이 끝나기 얼마 전에 일어난 이 공습으로 인해 3000~5000명의 사람들이 희생되었고, 뷔르츠부르크는 거의 파괴되어 도심에서 겨우 일곱 채의 건물만이 이 지옥에서 살아남았다. 세계적으로 유명한 뷔르츠부르크 궁전 대부분도 폐허가 되었는데, 다행히 핵심 부분은 무사했다. 살아남은 부분은 육중한 석재 원형천장이 있는 건물 중앙부로, 어찌나 거대하고 독특하게 지어졌던지 건축당시부터 사람들이 이곳이 머지않아 무너질 것이라 예상할 정도였다. "그런데 아이러니하게도 하필 바로 그 부분이 영국군의 폭격에도 살아남은 거지요." 뷘셰 교수가 감탄하며 설명한다. 아마도 이 궁전을 지은 건축가 발타자르 노이만이 군대에 있을 때 요새를 건설한 경험이 있었기 때문일 것이다. 그는 화약의 파괴력뿐 아니라 그것으로부터 작품을 보호할 수 있는 방법도 잘 알고 있었다. 1719년에 발타자르 노이만은 뷔르츠부르크의 제후대주교 요한 필리프 프란츠 폰 쇤보른에 의해 주교 궁전의 건축 감독으로 임명되었고, 이때 처음 맡은 프로젝트가 생애 최고의 작품이 되었다. 뷔르츠부르크 궁전은 전쟁이 끝난 후 원래 상태대

로 복원되었고, 1981년에 유네스코는 "바로크 궁전들 중에서 가장 통일성이 있고 가장 독특하다"는 이유를 들어 이 건물을 세계문화유산으로 지정했다. 궁전을 짓기에 앞서 노이만은 밀라노와 빈, 파리를 집중적으로 둘러보았고, 여행을 하면서 훗날 그의 상징이 될 요소를 발전시켰다. 그것은 바로 웅장한 계단실로, 같은 시대에 노이만만큼 아름답고 화려한 계단실을 지은 이는 없었다.

뷔르츠부르크 궁전을 둘러볼 때 제일 먼저 눈에 띄는 특징은 바로 드라이브인(drive-in) 구조이다. 본채의 기둥이 없는 입구의 로비는 마차가 들어오는 길에 맞춰서 지어졌기 때문에, 이 궁전을 방문하는 신사와 숙녀들은 호화로운 이층으로 올라가는 웅장한 계단의 발치까지 마차를 타고 들어갈 수 있었다. 계단을 중간쯤 올라가면 만나게 되는 층계

1687년 1월 27일에 보헤미아의 도시 에게르에서 직물공 집안의 아들로 태어났다. 1719년부터는 뷔르츠부르크에서 건축 행정의 지도적인 인물이 되었다. 그의 가장 중요한 건축의뢰인들은 쇤보른 제후 대주교들이었다. 그들이 통치하는 지역에는 궁전뿐 아니라 교구와 교회도 많이 지어졌다. 건축가이자 공학자로서 그는 뷔르츠부르크의 재정비, 다리와 하천 공사, 요새 건설까지 책임을 졌다. 또한 그는 순례교회인 '14 구난성인 교회'라는 바로크 종교 건축의 걸작을 탄생시켰다. 자신이 가장 큰 영향력을 발휘했던 도시 뷔르츠부르크에서 1753년 8월 19일에 사망했다.

참은 각각 왼쪽과 오른쪽으로 나뉘는 두 개의 연결부로 이어지는데, 귀족 방문객이 그중 한쪽 층계를 선택해 올라가면 궁전의 주인은 그 끝에서 기다리게 되는 구조였다. 만약 올라가는 사람이 대단히 중요한 손님이라면 제후대주교는 몇 계단을 내려와 맞이했다. 또한 이 계단에는 만남의 순간을 압도적인 장엄함으로 끌어올리는 장치가 있었으니, 바로 손님을 맞이하는 주인의 뒤쪽으로 펼쳐지는 베네치아 출신의 세계적인 화가 조반니 바티스타 티에폴로가 그린 천장 프레스코화였다(76페이지 참조). 가로 32미터 세로 19미터에 이르는 이 거대한 천장화에는 그때까지 사람들에게 알려진 네 개의 대륙, 즉 아프리카와 아메리카, 아시아와 유럽이 묘사되었다(오스트레일리아는 1770년에야 제임스 쿡이 영국 왕실을 대신해 점유했으므로 이 그림에서는 빠져 있다). 그림의 제목에 따르면 네 대륙 모두 성주인 제후대주교에게 경의를 표하고 있는데, 운터프랑켄 출신인 이 성의 건축주는 자신이 대단히 중요한 존재로 대접받기를 원했던 모양이다.

당시 티에폴로는 궁전과 성 안 교회의 천장화를 그린 대가로 1만

아래는 낮게, 위는 밝게 ·· 발타자르 노이만은 입구 로비에 천장을 낮게 드리우고 기둥들을 세워 회랑을 좁게 만듦으로써 뷔르츠부르크 궁전의 장엄한 계단실의 효과를 더욱 드라마틱하게 만들었다.

건축가의 모습 ·· 화가 조반니 바티스타 티에폴로는 뷔르츠부르크 궁전 계단실의 천장 프레스코화에 건축가 노이만의 모습도 그려넣었다. 열병식용 푸른 제복을 입고 대포 위에 앉아 있는 모습은 그가 요새 건축가임을 나타낸다.

5000 굴덴을 받았는데, 이는 이 성의 건축가인 발타자르 노이만이 건축 감독으로서 일 년 동안 번 돈의 약 13배라고 한다. 불공평하게 느껴지는가? 하지만 노이만 역시 자신의 유명세를 영리하게 이용한 건축가였다. 그는 100건이 넘는 건축 프로젝트에 참여하며 교회와 주택, 성 등 각종 건축에 조언자나 건축가로 일했고, 그중에서도 수요가 많았던 계단실 작업만을 따로 담당하기도 했다. 그는 이밖에도 수익이 높은 공장을 두 군데나 소유하고 있었다. 뷔르츠부르크에는 거울용 유리를 연마하는 경마공장이 있었고, 가까운 슐라이흐아흐(오늘날의 파브릭슐라이흐아흐)에는 약 140명의 직원을 둔 유리공장이 있었다. 따라서 우리는 그가 자신의 프로젝트에 자신의 공장에서 나온 유리와 거울을 공급하는 방

식으로 몇 배의 추가 수입을 올렸으리라는 것을 충분히 짐작할 수 있다. 노이만이 티에폴로에 비해 보수가 적어 불쌍하다고 생각했다면 그런 걱정은 접어두어도 되겠다.

게다가 순전히 의뢰인의 뜻에 따른 것이기는 하지만, 티에폴로는 동료 건축가 노이만을 천장 프레스코화 속에 그려넣어 불멸의 존재로 만들어주었다. 오른쪽으로 꺾인 연결 계단을 올라가다보면 곧바로 발타자르 노이만과 마주치게 된다. 그는 프레스코화의 아래쪽에서 열병식용 푸른 제복을 입고, 자기 주위에 복잡하게 모여 있는 알레고리적 인물들과 중요 인사들, 그리고 바로 옆에서 쿵쿵거리고 있는 덩치 큰 그레이하운드마저 무시하면서 바위에 느긋하게 기대앉아 있다.

섹스, 범죄 그리고 유기적인 것에 대한 편애
프랭크 로이드 라이트

미국 펜실베이니아 주 피츠버그의 부유한 백화점 소유주 에드가 J. 카우프만은 피츠버그 외곽에 폭포가 있는 매우 아름다운 땅을 갖고 있었다. 그는 이곳에 폭포를 조망할 수 있는 집을 짓기를 원했다. 하지만 불행히도 그가 선택한 건축가 프랭크 로이드 라이트는 건축주의 뜻에는 별 관심이 없었고 기회만 생기면 건축주의 아내와 바람을 피울 궁리를 하는 매우 자기중심적인 인물이었다. 카우프만은 건축가가 당연히 자신이 원하는 모습대로 집을 지어주리라 예상했지만 라이트는 콘크리트와 자연석으로 만든 집을 폭포 앞이 아닌 폭포 바로 위에 지어버렸다. 이 광경을 본 카우프만은 큰 충격에 빠졌다. 집 안에서 폭포는 전혀

왼쪽 **프랭크 로이드 라이트** ·· '유기적 건축'의 주창자인 그에게 좋은 건축이란 '풍경을 훼손하는 것이 아니라 건물을 짓기 전보다 더 아름다운 풍경으로 만드는 것'이었다.

오른쪽 **빛을 받아 피어나는 수련** ·· 라이트가 설계한 존슨 왁스 본사 건물의 천장은 실내로 하얀 빛을 쏟아내는 유리관으로 되어 있다. 1936년~1939년에 건설된 이 벽돌 건물의 콘크리트기둥들은 수련에서 영감을 받아 만들어졌다.

보이지 않았고 오로지 물소리만 들릴 뿐이었다. 카우프만의 가족들은 폭포를 감상하는 것이 아니라 폭포와 함께 사는 법을 터득해야만 했고 가족들의 불평은 고스란히 카우프만의 몫이었다. 하지만 '낙수장'이란 이름의그 집은 프랭크 로이드 라이트의 신념에 따라 자연을 끌어들인 대표적인 유기적 건축물로 세상에 널리 알려졌다.

오늘날 낙수장(154페이지 참조)은 하나의 건축 아이콘이 되었다. 이곳은 이제 누구나 관람할 수 있는 명소가 되어 해마다 수천 명의 사람들이 찾아오고 있다. 낙수장의 홈페이지에 가면 이 집에 관한 흥미진진한 내용들이 가득하다. 이를테면 라이트가 폭포 위에 집을 올리고 넓은 내부 공간을 만들어낸 과정을 한 단계씩 직접 살펴볼 수도 있다.

라이트의 생애와 작업이 얼마나 폭넓은 시공간에 걸쳐 진행되었는지를 알고 나면 정말 대단하다는 생각밖에 들지 않는다. 그는 미국의 16대 대통령 에이브러햄 링컨이 암살된 지 2년 뒤인 1867년에 태어나 35대 대통령인 존 F. 케네디가 암살되기 4년 전인 1959년에 사망했다. 라이트가 일리노이에서 초기 콘크리트 주택인 오크 파크 하우스를 짓고 있을 때 파리에서는 에펠탑이 세워졌고, 운디드니에서는 미국기병대에 의해 라코타 부족이 몰살당했다. 그가 애리조나주 피닉스에서 마지막 건축물인 노먼 라이크스를 위한 집을 짓고 있을 때 소련의 무인 달 탐사선 루나 2호가 달에 착륙했다. 인디언 전쟁 때부터 로켓과 원자의 시대까지, 프랭크 로이드 라이트가 살았던 이 기간만큼 세상이 그렇게 짧은 기간 동안 극단적인 변화를 겪은 시기는 없었다. 라이트가 몸

프랭크 로이드 라이트(Frank Lloyd Wright)

1867년 6월 8일에 위스콘신 주의 작은 도시 리치랜드 센터에서 태어난 프랭크 로이드 라이트는 1910년까지 지은 '프레리 하우스'들을 가지고 당시 미국 건축의 '진저브레드 스타일'에 맞섰다. 그가 한 웨일즈 시인의 이름을 따서 '탤리에신'이라고 이름 붙인 그 자신의 작업실이자 집은 수많은 제자들이 모이는 중심이 되었다. 수많은 건축 프로젝트들에서 그는 완전히 새로운 공간적 해법을 창안했고, 그 해법들은 건축의 고전이 되었다. 1959년 4월 9일에 애리조나 주 피닉스에서 생을 마감했고, 탤리에신에 묻혔다.

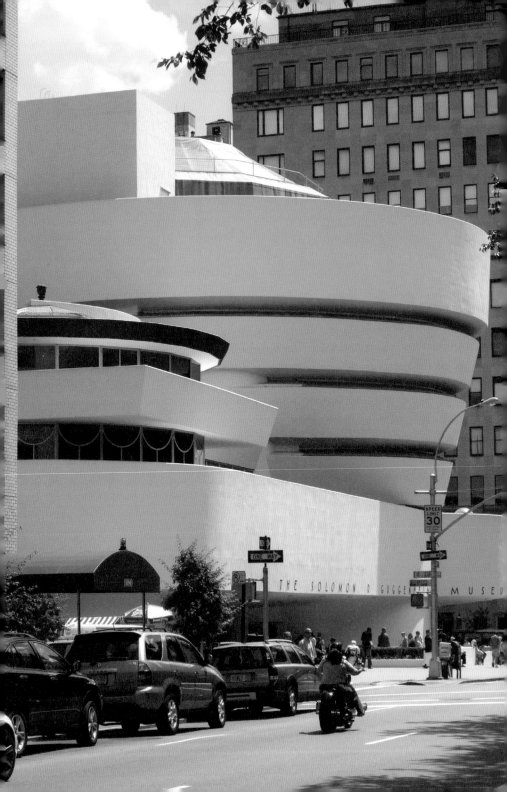

오른쪽 돌돌 말린 미술관 ·· 경사로와 나선형은 1930년대 이래 미국에서는 이동성의 상징이었다. 뉴욕의 구겐하임 미술관은 영화관과 주유소, 주점을 위해 개발된 형태적 언어를 예술품 전시의 공간으로 옮겨놓았다.

옆 페이지 그 자체가 예술품인 미술관 ·· 프랭크 로이드 라이트의 솔로몬 R. 구겐하임 미술관(1943년 설계, 1956년~1959년 건설)은 뉴욕 마천루들의 정글 속에서 하나의 조각작품처럼 서 있다.

소 겪은 두 극단－서부 개척시대의 예스러움과 눈이 휘둥그레지는 기술의 발달－은 그에게서 독창적인 방식으로 융합되었는데, 이는 그의 유명한 작품 '프레리 하우스(Prairie House)'에서 인상적으로 나타난다. 프레리 하우스는 콘크리트와 그 지역에서 나는 재료들을 영리하게 섞어 만든 지극히 현대적인 건축물로, 특히 실내 공간이 완전히 새로운 방식으로 만들어졌다. 집의 한쪽 끝에서 반대쪽 끝이 보일 정도로 가능한 한 벽을 세우지 않았고, 커다란 창은 사람들의 시선이 주변의 경관으로 자연스레 옮겨지도록 했다. 프레리 하우스에서는 개방형 벽난로가 공간의 중심을 차지하고 있는데, 라이트는 훗날 낙수장을 지을 때는 거실 바닥을 뚫고 '솟아오른' 바위의 윗부분을 벽난로로 활용했다. 개척시대에 서부에서 살던 사람들은 저녁이면 그런 난롯가에 둘러 앉아 카우보이 스타일로 콩과 베이컨을 볶아 먹었다.

라이트는 자신의 혁명적인 건축 스타일을 통해 팔라디오 양식이 유행했던 빅토리아시대의 건축 스타일을 완전히 무너뜨렸고, 그의 자유분방한 사생활 역시 점잖 빼는 당시의 세태에 직격탄을 날렸다. 그는 여섯 명의 자녀를 낳은 첫 아내를 버릴 정도로 자기 내키는 대로 살았고, 그런 삶은 미국의 뛰어난 작가 T. C. 보일이 책 한 권으로 쓸 수 있을 정도였다. 보일은 《여자들》에서 한 남자의 세 번의 결혼과 수많은 연애, 그리고 하나의 끔찍한 사건에 관해 묘사했다. 1914년 8월, 제1차 세계대전이 발발한 지 며칠 후 라이트의 본부이자 아틀리에인 탤리에신(153페이지 사진)에서 집안의 한 일꾼이 이성을 잃고 그 자리에서 손도끼 하나로 일곱 사람을 살해했는데, 피살자 중에는 라이트의 연인이었던 마마 보스윅 체니와 그녀의 두 아이도 있었다. 그날 라이트는 출장 중이라 그곳에 없었다. 범죄와 섹스, 그리고 한층 더 큰 논란을 불러일으킨 그의 여러 프로젝트들. 아마도 라이트만큼 자주 그리고 다양한 문제로 언론의 헤드라인을 장식했던 건축가는 또 없을 것이다.

세계적으로 가장 유명한 그의 프로젝트인 뉴욕의 솔로몬 R. 구겐하임 미술관 역시, 라이트 특유의 인습에 대한 대담한 도전의 예다. 이 미술관은 구겐하임이라는 기업가 집안에서 자금을 대서 만든 현대미술관으로, 고집이 센 라이트는 유기적 건축이라는 자신의 개념을 현대 마천루들의 세계에도 관철시켰다. 구겐하임 미술관은 이 건물의 창조자인 라이트가 의도한 대로 마치 달팽이를 떠올리게 하며, 그 위치가 도시의 초록 심장인 센트럴 파크에서 콘크리트로 된 딱딱한 사각형의 공간인 어퍼 이스트 사이드로 넘어가는 이행적 공간이라는 점이 특히 흥미롭다.

구겐하임 미술관의 실내 또한 예술계에 하나의 자극이 되었다. 그 때까지 미술관들은 각 전시실들을 차례로 이어놓은 형태였기 때문에, 관람자들은 전시기획자가 정해둔 순서에 따라 움직일 수밖에 없었다. 그런데 라이트는 구겐하임 미술관에 세상에서 가장 긴 그림들의 벽을 만들어놓았다. 방문객들은 우선 엘리베이터를 타고 꼭대기까지 올라간 다음 나선형의 경사로를 따라 내려오게 되는데, 그 길은 예술의 신전이 라기보다는 오히려 주차장 진입로를 연상시킨다. 입구에서부터 왼쪽 으로 쭉 이어지는 벽에는 폴 세잔과 에두아르 마네, 빈센트 반 고흐 등 의 작품을 비롯하여 많은 걸작들이 나란히 걸려 있다.

마침내 구겐하임 미술관이 공개되자 예술계는 발칵 뒤집혔다. 미 술관 건물 자체가 그 안에 있는 예술작품보다 더욱 주목받았으니, 이 미술관은 '회화에 대한 전쟁 선포'라는 것이다. 자기주장이 강한 이 건 축가는 이렇게 또 한 번 자신의 목적을 이루며 세간의 비난을 자초했 다. 하지만 힐트 교수는 프랭크 로이드 라이트가 건축사에서 가장 중 요한 세 사람 중 한 명이라고 말한다. 그리고 다음에서 소개할 건축가 역시 그 어마어마한 자만심으로는 라이트에게 뒤지지 않는다. 르 코르 뷔지에라는 예명으로 더 잘 알려진 스위스인 샤를 에두아르 장레 역시 건축가라는 직업을 가진 사람들 중에서도 자신이 가장 중요한 인물이 라고 생각했다.

파리를 헐어버리려 했던 남자,
르 코르뷔지에

르 코르뷔지에와 프랭크 로이드 라이트를 하나로 묶어주는 공통점은 자만심 외에도 두 가지가 더 있다. 평평한 지붕을 편애했다는 것과 천재성을 지녔다는 것인데, 이 천재성이 반드시 건축물의 견고함으로 이어지는 것은 아니었다. 예를 들어 르 코르뷔지에의 '빌라 사보아(Villa Savoye)'는 매우 파격적인 주택이지만 실제 이 집의 소유주들은 평범하고 두꺼운 지붕이 차라리 낫겠다는 사실을 금세 깨달았다.

엘리트들을 위한 아방가르드 주택은 르 코르뷔지에의 트레이드마크 중 하나다. 또한 그는 콘크리트로 만든 고층 주거의 정신적 아버지이기도 하다. 힐트 교수의 설명을 들어보면, "르 코르뷔지에를 그렇게 중요한 인물로 만든 것은, 그가 평범한 사람들을 위한 주거에 대해 고민한 최초의 인물 중 하나라는 점입니다." 그러나 이는 그가 소시민들을 위하는 갸륵한 마음을 지닌 건축가였다기보다, 속도를 중시하는 새 시대와 그에 따라 변화된 생활방식이 건축에도 반영되어야 한다고 확신했기 때문이었다. 그의 발상은 어떤 장소에나 세울 수 있는 규격화된 고층 건물들로 집단 주택을 건설하는 것이었다. 모든 것은 그가 개발한 '모뒬로르(Modulor)'라는, 인체의 치수를 건축에 적용한 비율체계에 따라 만들어졌다. 그는 주택이란 상점들과 여가시설까지 통합된 '주거용 기계'여야 한다고 생각했다. 르 코르뷔지에에게 주택이란 대단히 효율적인 것이었다. 자동차를 타고 지하로 들어가서 올라가는 길에 재빨리 쇼핑을 한 다음, 다시 집 밖으로 나설 필요도 없이 멋진 전망이 보이는 발코니에서 여유로운 시간을 보내는 곳 말이다.

1947년부터 그의 '주거 기계' 프로젝트가 시작되었다. 마르세유에 있는 높이 56미터와 너비 140미터의 철근콘크리트 구조물이 르 코르뷔지에의 유명한 '위니테 다비타시옹(Unité d'Habitation)'인데 이는 '주택 단위'라는 뜻이다. 그 건물에는 2층짜리 아파트가 총 337세대 있고, 8층과 9층에는 자체 상가가 있으며, 건물에 딸린 세탁실과 옥상 정원에는 유치원과 극장과 스포츠 홀이 있다. 그러나 이 '위니테'는 수천 군데에 생긴 것은 아니었고 딱 다섯 군데에만 있다. 프랑스에 네 곳이

르 코르뷔지에 ·· 건축가로서 그가 흥미를 느꼈던 것은 모듈을 활용한 연속 생산이었지만 그렇다고 창의성이 결여된 건축은 아니었다. 그는 건축가가 "형태를 통해서 우리의 감각을 건드리고 형상화에 대한 우리의 감성을 일깨운다."고 믿었다.

있고 베를린의 도시고속전철 올림픽스타디움역 바로 옆의 플라토브 가 16번지에 한 곳이 있다. 그렇다면 현대 건축의 아이콘 안에서 사는 사람들의 느낌은 어떨까? 한 마디로 열광적이다. 이 건물의 홈페이지에 가면 베를린에 위치한 위니테 내부의 흥미로운 모습들을 볼 수 있을 뿐 아니라 그 집의 시장가치도 알 수 있다. 예를 들어 시내를 조망할 수 있는 면적 33제곱미터의 아파트는 6만 2000유로에 소유할 수 있다(2011년 기준). 한때 어떤 입주자들은 건축에 관심이 많은 사람들에게 주말에 집을 임대해줌으로써 부수입을 올리기도 했는데, 그 일로 주택 소유주들 사이에 격한 다툼이 벌어지기도 했다.

이 사이트의 포토갤러리를 볼 때 느껴지는 충격적인 사실은 르 코르뷔지에 주택이 현재 우리가 '아파트'라고 부르는 공간과 그다지 달라

보이지 않는다는 것이다. 그리고 이러한 느낌은 착각이 아니다. 1925년에 파리와 전 세계를 충격에 빠뜨렸던 르 코르뷔지에의 '부아쟁 계획'을 살펴보자. 이는 센 강 우안(右岸)의 구시가 지역을 완전히 밀어버리고 거기에 60층의 고층건물 18채를 짓겠다는 광범위한 계획이었다. 사람들은 그런 광경은 상상도 하고 싶지 않았다. 작고 정다운 음식점들 대신 거대한 콘크리트 덩어리라니! 그러나 르 코르뷔지에는 아늑함이라든가 소박함 같은 것에는 전혀 관심이 없었다. 그가 생각하는 이상적인 도시는 '수직적'이면서 빛과 녹지가 풍부하고 교통이 편리한 탁 트인 곳이었다. 결국 도심에서는 그의 계획을 관철시키지 못했지만, 파리(전 세계의 다른 대도시들도 마찬가지다) 전체를 감싸고 있는 교외의 위성도시들은 직접적으로 그의 발상을 그대로 따라 만들어졌다.

르 코르뷔지에가 원한 단 한 가지는 바로 '짓는다'는 일이었다. 건설을 위한 것이라면 그에게는 어떤 수단이든 정당했다. 또한 그의 유명한 검정 뿔테안경과 나비넥타이, 그리고 깔끔하게 뒤로 빗어 넘긴 머리

르 코르뷔지에(Le Corbusier)

1887년 10월 6일 스위스의 라 쇼 드 퐁에서 태어난 르 코르뷔지에는 1925년에 쌓아올릴 수 있는 주거 단위인 '에스프리 누보 관'으로 공공의 영역에 처음 등장했다. 1933년에 아테네 헌장을 통해 그는 기능에 따라 구획된 도시를 구상할 수 있었고, 이는 전후 시기에 도시 건설의 모범이 되었다. 인도의 계획도시 찬디가르도 바로 이 원칙에 따라 건설되었다. 1953~55년에는 보주 산맥 가장자리에 위치한, 마치 조각품 같은 롱샹 순례교회로 인상적인 종교 건축물을 창조했다. 1965년 8월 27일 프랑스의 지중해 해변에서 수영을 하던 중 심장마비로 사망했다.

도시 안의 도시 ·· 마르세유의 위니테 다비타시옹(1947년~1952년 건설)은 에어컨과 붙박이장이 갖춰진 편리한 이층집이라는 규격화된 주거 형태를 약속했다. 이 거대한 집단 주택은 거주자들에게 풍부한 조명과 햇빛뿐 아니라 최대한 효율적인 일상을 제공할 것이라 여겨졌다.

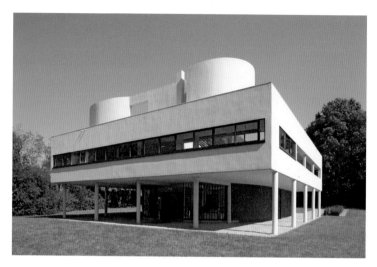

들어 올려진 집 ·· 파리 근교 푸와씨에 있는 빌라 사부아(1928년~1931년 건설)는 르 코르뷔지에가 자주 사용한 기둥인 '필로티'들 위에 세워져, 바닥에서 들어 올려진 모습을 하고 있다.

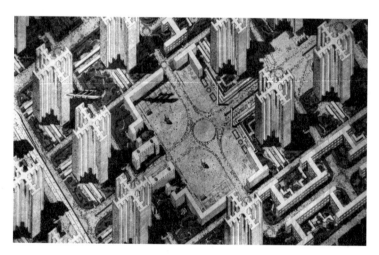

파리를 위한 계획 ·· 르 코르뷔지에의 도시건축 프로젝트인 '부아쟁 계획'은 파리의 재개발 계획에 제출한 시안이었다. 이 시안에 따르면 센 강 우안의 건물들을 모조리 철거하고 그곳에 60층 건물 18채를 세운다는 것이었다. 1956년의 그림.

카락. 르 코르뷔지에 이전에 자신의 모습을 그렇게 철저하게 트레이드 마크로 만들었던 건축가는 없었다. 또한 이렇게 노련하게 미디어의 관심을 자기에게 집중시킬 줄 알았던 이도 없었다. 르 코르뷔지에는 순전히 중요한 프로젝트를 맡겠다는 욕심으로 아돌프 히틀러에게 협력했던 프랑스 비시정부의 수반인 페탱 원수나 베니토 무솔리니 같은 파시스트 권력자들과 친밀한 관계를 맺어 비난을 사기도 했다.

그런 자들과 가까이 지낸 것은 어쩌면 그가 남들의 사적인 영역까지 통제하고 생활방식을 결정하는 일에 매력을 느꼈기 때문일지도 모른다. 예컨대 그는(이 역시 프랭크 로이드 라이트에게도 똑같이 적용할 수 있을 테지만) 주택과 아파트의 실내에 자신이 디자인한 정육면체 소파 LC2나 송아지모피를 입힌 긴 의자 LC4를 놓아두고 싶어했다. 심지어 집에 들어갈 63가지 색상을 직접 선별하고 그 색들로 다시 14가지 조화로운 색상조합을 만들었을 정도다. 언젠가 독일의 신문《프랑크푸르터 알게마이네 차이퉁》은 르 코르뷔지에에 대해 "그는 우리가 어떤 생활방식을 원해야 하는지를 알고 있었다."라고 썼다.

트렌드세터이자 재활용의 천재
미스 반 데어 로에

1957년에 독일의 건축가 미스 반 데어 로에가 산티아고 데 쿠바에서 바카디 사의 경영자들에게 그들의 새 본사건물에 대한 계획을 설명하고 있을 때, 그로부터 2년 후에 피델 카스트로가 권력을 장악하고 이 쿠바 양조회사의 소유주들이 미국으로 망명을 떠나게 되리라고 짐작한 사

루트비히 미스 반 데어 로에 ·· 그에게 고대 건축은 그 '단순함'으로 모범이 되었다. "그들의 아름답고 단순한 목적성과, 그들의 아름답고 단순한 구조, 그들의 장엄한 선, 그들의 경이로운 비율"은 평생 동안 그에게 영감을 주었다.

람은 아무도 없었다. 결국 그 본사 건물은 지어지지 않았다. 그러나 반 데어 로에에게 이는 그리 낙심할 문제가 아니었다. 1962년에 베를린에서 신 국립미술관 건축을 의뢰받았을 때 그는 전혀 망설임 없이 예전의 바카디 건물 설계도를 서랍 속에서 꺼냈다. "사람이 매주 월요일마다 새로운 건축을 하나씩 만들어낼 수는 없다."는 말은 그의 유명한 명언 중 하나다. 또 다른 명언으로는 "적을수록 좋다(Less is more)."가 있다. 그는 이 '적다'라는 말을 꽤 진지하게 받아들였기 때문에, 자신의 절제되고 거대한 공간에선 경영자가 대차대조표를 들여다보든 미술관 방문자가 그림을 바라보든 아무 문제 없다고 생각했다.

그의 원래 이름은 마리아 루트비히 미하엘 미스였지만, 1922년부터 '반 데어'를 붙이고 여기에 다시 자기 어머니의 처녀 시절 성인 로에를 붙였다. 바로 한 해 전, 당시 서른다섯 살의 이 남자는 어느 사무용 고층건물의 건축설계 공모에 참여하면서 커튼 월(100페이지 참조)이 있는 철제골조건축에 관한 자신의 구상을 처음으로 발표했다. 그리고 이후 그는 이 아이디어를 꾸준히 유지하게 된다. 그가 1958년에 지은 뉴욕의 시그램 빌딩은 커튼 월 건축의 가장 유명한 사례가 되었다. 그는 전체가 유리로 입혀진 건물을 지을 수 있었고, 이로써 뉴욕의 스카이라인이 유리 파사드에 비치는 기가 막힌 효과를 낼 수 있었다.

미스 반 데어 로에(Mies van der Rohe)

1886년 3월 27일에 아헨에서 태어난 미스 반 데어 로에는, 제1차 세계대전이 끝난 후 아방가르드 예술운동에 몰두했다. 1929년 만국박람회를 위한 바르셀로나 파빌리온은 철제골조를 사용한 낮은 평면 건축물로 선풍을 일으키며 그의 이름을 알렸다. 1927년에 그의 주도로 슈투트가르트에 건설된 '바이센호프 주택단지'는 현대 주택단지의 방향을 제시하는 본보기가 되었다. 바우하우스가 데사우에 있던 당시, 그리고 베를린으로 옮겨간 후로도 1933년까지 바우하우스의 교장을 역임했다. 1938년에는 훗날 일리노이 공대가 되는 시카고의 아머 공대에서 초빙을 받아 미국으로 이민했다. 미국에서는 크라운 홀과 레이크 쇼어 드라이브 아파트를 비롯하여 수많은 중요한 건축물들을 만들었다. 여러 훈장과 상을 받은 그는 1969년 8월 17일에 시카고에서 숨을 거두었다.

이 무렵 이미 미국시민권을 획득한 상태였던 미스 반 데어 로에는, 점점 심해지는 나치의 압박으로 1938년에 독일을 떠났다. 이민을 떠나기 전 몇 년 동안은 독일에서 가장 선풍을 일으킨 건축프로젝트인 슈투트가르트의 바이센호프 주택단지 프로젝트를 이끌었다. 독일 공작연맹이 '주택'이라는 주제로 발의한 전시회가 계기였다. 1927년에 미스 반 데어 로에는 자신 외에 발터 그로피우스와 브루노 타우트, 한스 샤로운, 르 코르뷔지에 등 현대건축의 스타 건축가 16명을 초대하여, 슈투트가르트의 적당한 높이에 자리한 좋은 땅에 현대 대도시인들을 위한 모델하우스를 만들어달라고 요청했다. 그리하여 겨우 21주만에 60여 가구를 포함하는 21채의 주택이 지어졌는데, 이는 당대 건축계의 가장 유명한 건축가들이 한 자리에 모인 세계적으로 유례가 없는 프로젝트였다.

다시 베를린의 신 국립미술관(Neues Museum)으로 돌아가보자. 힐트 교수는 이것이 르네상스와 고전주의 이후로 고대를 되살린 또 한 번의 사례라고 생각한다. 그는 "이 현대적인 건축물은 고대의 신전과 철저한 유사성을 지니고 있습니다."라고 말한다. 그리고 실제로 계단을 따라 올라가면 도착하는 기단과 지붕을 떠받치는 기둥들, 그리고 아키트레이브와 그 위를 가로지르는 대들보까지 신 국립미술관을 구성하는 기본 요소들은 아테네의 파르테논에 쓰인 것과 동일하다.

왼쪽 **유리빌딩** ·· 1921년에 베를린의 프리드리히 가에 전체를 유리로 입힌 고층건물을 지으려 했던 미스 반 데어 로에의 구상. 그러나 건축주는 '실현가능성'이 없다며 이 시안을 거부했다.

옆 페이지 **시그램 빌딩** ·· 1958년에 완성된 우아한 시그램 빌딩은 이후 수많은 고층 건물들의 모델이 되었다. 고급스러운 황동을 입힌 커튼 월과 황동빛 유리를 통해 내부의 격자형 철제골조가 밖으로 비쳐 보인다.

강철로 된 예술의 전당 ‥ 베를린 신 국립미술관(1965년~1968년 건설)는 강철과 유리로 지은 건물이다. 지붕은 가로 세로 65미터씩의 격자판으로 이루어져 있고, 네 면에서 각각 두 개의 기둥이 이를 받치고 있다. 이로써 이 건물은 지탱하는 기둥과 내리누르는 들보의 관계라는 그리스 신전 건축의 주제를 완전히 새롭게 해석해냈다.

Q&A 오늘날 건축가의 역할과 과제는 무엇일까?

현대 사회에서 건축가에게 요구되는 과제는 매우 다양하다. 만약 건축가가 건축물을 통해 어떤 필요성을 기술적 · 경제적 · 예술적으로 만족시켰다면 그 건축가는 성공했다고 볼 수 있다. 이는 고대 로마의 건축이론가인 비트루비우스가 제시한 '피르미타스(안정성)'와 '우틸리타스(유용성)', 그리고 '베누스타스(우아함)'의 개념이기도 하다.

오늘날의 건축가에게는 단순히 건물을 설계하는 것 외에 훨씬 많은 과제가 있다. 그동안 건축가의 직무 내용은 너무나 다방면으로 확장되어서 이제는 한 사람이 그 다양한 요구들을 모두 만족시키는 것이 불가능할 정도가 되었다. 그래서 설계와 입찰, 현장 감독 등 각각의 전문가들이 존재하는 것이다.

오늘날의 건축가는 단순히 새 건물을 짓는 일만 하는 사람이 아니다. 건물의 개축과 재개발 역시 점점 중요한 임무로 떠오르고 있고, 이미 지어진 건물의 유지와 관리도 건축가가 맡는 경우가 많다. 또한 도시들을 재정비하는 일도 중요해졌다. 이러한 도시 정비 프로젝트는 많은 사람들의 주목을 받는 개별 신축 프로젝트보다 사람들의 삶의 질에 더욱 결정적인 영향을 미친다.

사실 유명한 건축가 대부분은 시선을 끄는 건축물의 설계자들이다. 하지만 이제는 건축가 한 사람이 유명해지는 것보다 하나의 직업군으로서 지구온난화 등 모두가 직면하고 있는 기술적 · 환경적 난제들을 해결하는 일이 우선적인 목표가 되었다. 즉, 사람들에게 정말로 필요한 기능을 하는 집을 짓는 일이다. 건축주와 사용자 사이의 중개자로서 건축가들에게 부여된 사회적 역할은 앞으로 더 중요해질 것이다.

건축주

'건축주'란 건축에 대한 결정권을 갖고 있는 사람이다. 이들은 돈을 비롯해 건축가에게 지불할 여러 가지 것들을 소유하고 있다. 이론상으로는 그렇다. 그러나 실제 현장에서 사정이 달라지는 경우가 종종 있다. 특히 건축주가 유명한 스타 건축가에게 작업을 의뢰하는 경우, 이 관계는 순식간에 역전된다. 건축주는 오로지 자금을 대는 사람일 뿐 나머지 일에는 전혀 관여하지 못하게 되는 것이다.

에드가 J. 카우프만 역시 마찬가지였다. 그는 프랭크 로이드 라이트를 상대로 폭포 앞에 집을 지어야 한다고 강변했지만 헛수고였을 뿐 아니라 집이 다 지어진 후 그 위치 때문에 생기는 결과를 고스란히 감수해야만 했다. 낙수장은 높은 습도 때문에 곰팡이가 사라질 겨를이 없었고, 받침대 없이 설치된 발코니는 자체의 무게 때문에 내려앉고 말았다. 그런데 건축가인 라이트는 지붕을 통해 식탁으로 빗물이 들어온다고 불평하는 건축주에게 그럼 식탁을 비에 젖지 않는 자리로 옮기면 되지 않느냐고 충고했다는 이야기가 전해진다. 또 한 명의 스타 건축가인

세계를 하나로 만든 건물 ·· 뉴욕에 있는 UN 본부(1949년~1952년 건설)는 르 코르뷔지에의 설계를 바탕으로 미국인 건축가 월리스 K. 해리슨이 지었다. 유리판 형태의 사무국 빌딩과 전면에 자리 잡은 유엔총회 건물로 이루어져 있다.

르 코르뷔지에 역시 줄곧 그런 불평을 들었다. "복도로 비가 들이치고, 계단에도 비가 떨어지고, 차고 벽은 흠뻑 젖어 있어요. 더 지독한 건 목욕물 속으로도 빗물이 떨어진다는 겁니다. 날씨가 궂을 때는 천창으로 바로 빗물이 쏟아져 들어와 말 그대로 침수가 된단 말입니다." 세계적으로 유명한 빌라 사부아의 건축주가 한탄한 말이다.

한편 르 코르뷔지에가 그렇게 자랑스러워했던 뉴욕의 UN 본부도 반세기 후에는 《프랑크푸르터 알게마이네》의 표현에 의하면 "이스트 강가의 썩어버린 궤짝"이 되었다. UN 본부는 무려 20억 달러를 들여 보수공사를 해야 했으며, 이 역시 건축주가 감당해야 할 몫이었다. 특히 국제연합의 경우 수많은 인도적 프로젝트에 활용할 수 있는 돈을 건

바이에른의 루트비히 2세 ·· "우리가 살아가고 있는 끔찍한 시간을 잠시라도 잊을 수 있게 해주는 낙원을, 시적인 도피처를 스스로 만드는 것은 반드시 해야 할 일이다."

물 보수에 써야 했으므로 더욱 안타까운 일이었다.

고대의 건축물을 보면, 로마의 판테온 입구 위에 있는 석재 엔터블러처에 '루키우스의 아들이며 집정관을 세 번 지낸 마르쿠스 아그리파가 지었다(M.AGRIPPA.L.F.COS.TERTIUM.FECIT)'라고 건축주의 이름을 남기고 있지만 건축가에 대한 언급은 없다. 건축물이 곧 건축주의 이름과 결부되던 시대였다.

건축주가 건축가를 거의 미칠 지경으로 몰아가는 경우도 종종 있었다. 특히 자주 인용되는 사례가 바이에른의 전설적인 왕 루트비히 2세다. 바그너의 열광적인 팬이자 후원자였던 그는 1869년, 평생 품어온 한 가지 꿈을 실현하는 일에 착수했다. 바로 오페라 《로엔그린》의 장면들을 옮긴 벽화와 탄호이저 전설을 떠올리게 하는 인공 종유석 동굴이 있는, 흡사 동화 속에 나올 법한 노이슈반슈타인 성을 짓는 일이었다. 루트비히 2세가 최초의 설계도를 그리는 일을 극장 화가에게 맡겼다는 사실만으로도 당시의 노련한 건축가들의 혈압을 치솟게 만들었을 것이 분명하다.

1886년 6월 13일에 슈타른베르크 호수에서 의문스러운 죽음을 맞이할 때까지, 왕은 건축가 세 명의 신경을 차례로 긁어댔다. 1868년부터 1874년까지는 에두아르트 리델, 그리고 1874년부터 1884년까지는 게오르크 폰 돌만, 1884년부터는 율리우스 호프만이었다. 하지만 루트비히 2세의 머릿속에 그 건축 현장의 실제 창조자는 단 한 사람, 바로 자신뿐이었다. 루트비히는 모든 설계도들을 제출하여 자신의 승인을 받게 했고, 설계도들을 끊임없이 변경하거나 퇴짜를 놓았다. 작업실은 거대한 알현실로 바뀌었고, 손님방은 무어풍 홀로 화려하게 꾸며졌다. 왕이 건축 현장에 나타난다는 전갈이 오면 건축가들의 신경이 바짝 곤두섰는데 그만큼 그는 현장을 자주 찾았다.

건축가들의 일을 특히 더 어렵게 만든 것은 루트비히 왕이 복고풍 스타일과는 전혀 거리가 먼 사람이라는 사실이었다. 노이슈반슈타인 성은 겉으로는 중세의 성처럼 보였지만 그 안에는 현대적인 것 중에서도 최첨단의 것들로만 채워졌다. 아이빔과 열기중앙난방, 수세식 화장실, 냉온수가 나오는 수도, 식품용 승강기, 전기 호출기 등은 당연했고 심지어 알현실이 있는 층에는 당시로서 가장 최신식 기술이었던 전화기까지 있었다. "여기서 루트비히 왕은 기술과 경제를 촉진하는 일을 하고 있었지요." 뷘세 교수가 설명한다.

이 건축물에 따른 거북한 부작용은 작업에 들어가는 비용이 꾸준히 상승했다는 것이고, 즉흥적으로 생각을 바꾸기 좋아하는 왕의 변덕이 큰 몫을 했다. 그는 자신의 개인 돈으로는 자금이 모자라자 융자까지 받았다. 빚을 잔뜩 짊어진 국왕이라니! 바이에른 정부로서는 용납할 수 없는 일이었다. 그리하여 1886년 6월 10일 노이슈반슈타인 성의 완성된 공간에 기거하고 있던 루트비히 2세에게 정부의 위원회가 찾아가 퇴위를 선언했다. 그로부터 사흘 뒤 루트비히 2세는 세상을 떠났다. 자살이었을까? 아니면 정신착란 증상이 있던 왕의 건축에 대한 비정상적인 집착을 더 이상 견딜 수 없어 누군가 뒤에서 몰래 손을 쓴 것일까? 야트막한 슈타른베르크 호수에서 벌어진 그날의 죽음의 정황에 대해서는 오늘날까지도 정확히 밝혀지지 않았다.

첨단기술로 지어진 성 ·· 노이슈반슈타인 성의 동화 같은 겉모습과는 달리 내부에는 당시 최첨단 기술의 성과들이 숨어 있다. 기둥과 궁륭은 주로 주철이나 철사세공으로 만들어졌고, 거기에 석회반죽을 바르고 색칠을 하여 '진짜 옛날 기사들의 성 같은 스타일'로 보이도록 했다.

건축현장에서 쉴 새 없이 화가 치미는 일에 대해서라면 덴마크 사람 요른 웃손도 할 말이 많을 것이다. 1957년, 당시 39세였던 이 건축가는 다른 232명의 경쟁자들과 함께 항구의 멋진 풍광이 보이는 빈 땅에 오페라하우스를 짓겠다고 결정한 호주 뉴사우스웨일즈 주정부의 공모에 참여했다. 심사위원단이 웃손의 설계도에 마음을 빼앗긴 이유는, 특이한 돛 모양의 지붕이 참신했고 또 350만 파운드라는 건설 비용도 그리 많지 않아 보였기 때문이었다. 하지만 심사위원단이 간과했던 사실이 있었다. 웃손의 시안은 대략적인 스케치일 뿐 세밀하게 계산된 설계도가 아니었다는 점이다. 호주 사람들은 아직 철저한 조사와 계산이 마무리되기도 전에 웃손에게 어서 건축을 시작하라며 재촉했다. 하지만 당초 예상했던 것보다 건물을 짓는 일은 몹시 어려웠다. 무엇보다 지붕의 구조가 너무나 복잡해서 설계뿐 아니라 건축 과정에서도 시간이 지연되었고, 그에 따라 들어가는 비용도 하늘 높이 치솟았다. 1965년이 되자 비용은 당초의 350만 파운드에서 5700만 파운드로

노이슈반슈타인 성

건축가 에두아르트 리델, 게오르크 폰 돌만, 율리우스 호프만
건축주 바이에른 국왕 루트비히 2세
건축 시기 1869년~1884/1892년
특징 루트비히 2세는 순수함과 신앙심으로 성배의 왕이 되는 중세 전설 속 인물 파르치팔과 자신을 동일시했다. 이런 생각은 비잔틴 왕국에 대한 그의 이상과 뒤섞인 것이었다. 루트비히 2세의 여러 건축 프로젝트들 중 하나인 노이슈반슈타인 성은 자신을 위한 성배의 성으로 구상되었고, 알현실은 이스탄불에 있는 하기아 소피아 성당의 스타일을 그대로 모방했다.

무려 16배나 상승했다.

　가장 나쁜 점은, 이 건물이 시간에 맞춰 완성되지 못했다는 것이다. 원래 오페라하우스는 1965년 1월 26일 호주의 날에 낙성식을 하기로 예정되었다. 이 날짜가 특히나 중요했던 까닭은 의회선거 직전이었고, 보수정권이 낙성식의 장관을 자연스럽게 선거전의 하이라이트로 활용하려고 했기 때문이다. 그런데 공사가 지연되면서 이러한 계획이 모두 수포로 돌아갔다. 건축주이자 보수주의자였던 뉴사우스웨일즈 주정부의 수상은 웃손에게 최종적으로 급격한 예산 삭감과 내부 시설에 대해 타협하기를 요구했다. 그러나 웃손은 음향에 심각한 결함이 생길 것이라며 이에 불응했다. 그러자 주정부는 모든 예산을 동결했다. 웃손은 1966년에 분노를 터뜨리며 현장을 떠나버렸다. 물론 웃손은 그들이 후회하며 자신을 다시 불러들일 것이라 확신했다. 하지만 안타깝게도 그런 일은 일어나지 않았다. 뉴사우스웨일즈 주는 젊은 건축가 팀을 새로 데려왔고 그들은 군살을 뺀 설계에 따라 건축을 마무리했다. 당초 계획보다 8년이나 늦어진 1973년 10월 20일, 호주의 공식적인 국가수반인 엘리자베스 2세가 마침내 오페라 하우스의 낙성식을 거행했다.

　건축기간의 연장과 비용 폭등이 화를 돋우긴 했지만 오페라 하우스는 건축주의 입장에서 충분히 가치 있는 투자였다. 시드니 오페라 하우스는 오늘날 수많은 관광객을 끌어들이는 최고의 관광지다. 2007년에는 유네스코 세계문화유산으로 지정되었다. 웃손이 우려했던 대로 최고 수준의 음향은 아닐지라도 돛 모양 천장의 도자기 타일 수백 만 장에 반사되어 산산이 부서지는 햇빛을 한 번이라도 직접 본 사람은 그 장관을 절대로 잊지 못할 것이다.

아름다운 건축의 아이콘 ·· 지붕이 높이 솟은 시드니 오페라 하우스는 돛을 활짝 펼치고 항해하는 배를 연상하게 한다. 호주 사람들 중에는 하얗게 뾰족한 지붕을 보고 남태평양 사람들의 오두막 형태를 떠올리는 이들도 많다.

시드니 오페라 하우스

건축가 요른 웃손
건축주 뉴 사우스 웨일즈 주정부
건축 시기 1959년~1973년
특징 눈에 띄게 펼쳐져 있는 하얀 지붕은 '제5의 파사드'라고도 표현된다.
건축은 조개껍질 형태의 지붕을 구현할 방법을 찾아내기도 전에 시작되었다.
컴퓨터로 안전율을 계산하는 데만도 18개월이나 걸렸다. 건축가에 대한
정부의 압력이 계속 커지자 1966년에 웃손은 프로젝트를 포기하기로 결정했다.
주정부는 곧바로 호주 사람들로 구성된 건축가 팀을 꾸렸고, 그들은 여러 가지
사항을 변경하여 건축을 마무리했다.

애석하게도 웃손은 이 짜릿한 경험을 해보지 못했다. 2008년에 세상을 떠날 때까지 단 한 번도 호주 땅을 다시 밟지 않았기 때문이다.

Q&A 건축물은 어떻게 감상하면 좋을까?

힐트 교수   건축이란 실내 공간과 외부 공간을 아울러 공간 전체를 디자인하는 일이다. 따라서 건축물은 머릿속으로 시뮬레이션하는 것이 아니라 직접 경험해야 하는 것이라고 할 수 있다. 가능하다면 사전에 그 공간이 어떻게 생겨났는지, 즉 공간들의 경계가 어떻게 나누어지고 평면들이 어떻게 구현되었는지를 공부해둔다면 건축물을 이해하는 데 큰 도움이 될 것이다.

실제 건축물을 방문한 다음에는 큰 부분에서 작은 부분 순서로 보거나, 반대로 세부를 먼저 본 다음 다시 전체를 살펴보는 식으로 감상할 수 있다. 전체 건물을 한눈에 파악하기란 무척 어려운 일이므로 건축물을 제대로 이해하고자 한다면 같은 건물을 자주 방문해보고 또 여러 건물들을 서로 비교해봐야 한다.

뵌셰 교수   건축을 감상한다는 것은 단순히 그 건물의 설계도를 살펴보는 일이 아니다. 가장 좋은 방법은 여러분 자신이 직접 건물 안으로 들어가 그 안을 이리저리 돌아다니는 것이다. 그렇게 해야 비로소 그 건물에서 가장 중요한 부분이 무엇인지를 알 수 있다. 문을 향해 천천히 걸어가보기도 하고, 부차적인 공간이나 주변 공간도 꼼꼼하게 둘러보라.

만약 그 건축물에 탑이 있다면 반드시 올라가봐야 한다. 오늘날에는 탑에 오르는 것이 그다지 중요하다고 여겨지지 않지만, 이는 소중한 경험을 놓치는 일이다. 탑 위에서 그 아래로 펼쳐진 도시 풍경을 내려다보는 일은 정말로 아름다운 경험이다. 또한 탑 위에 올라가야 사람들은 비로소 건축이 하는 일을 제대로 이해할 수 있다. 예를 들어 저 거대한 지붕을 만드는 일이 얼마나 예술적인 작업인지, 빗물은 어떻게 빠져나가도록 하는지, 건물이 비바람을 견디게 하려면 어떻게 해야 하는지 등에 대해서 말이다.

사용자

지금까지 이 책에서는 신전과 교회, 성, 박물관, 오페라 하우스 등 대표적인 건축물들을 중심으로 이야기했고, 그 사이사이에 귀족이나 부유한 이들이 지은 멋진 빌라들도 등장했다. 그렇다면 역사의 대부분을 차지하는 보통 사람들은 실제로 어떻게 살아왔을까? 이 사람들이야말로 가장 압도적인 수를 차지하는 건축의 세 번째 요소, 즉 사용자들이다. 힐트 교수의 설명에 따르면, 르 코르뷔지에 이전에는 평범한 사람들이 더 잘 살 수 있는 방법에 대해 고민한 건축가가 거의 없었다. 20세기 초까지 노동자 가정이 어떠한 주거환경에서 일상을 보냈는지에 관해서는 86~87페이지에 묘사되어 있다. 추밀원 고문이나 상업 고문관 같이 좋은 자리에 임명된 사람들의 주거 환경은 이들과는 전혀 달랐다. 상류층 사람들은 천장이 높은 응접실과 하인들이 쓰는 작은 방들이 딸린 거대한 주택에서 살았다.

　이러한 사회적 차별은 고대 이래로 사실 거의 달라진 게 없다. 고대 로마의 헤르쿨라네움과 폼페이에서도 오늘날의 기준과 크게 다르지 않은 잘 보존된 상류층의 저택들이 발굴되었다. 하지만 여기에 결정적인 차이가 하나 있었으니 바로 목욕탕이다. 뷘셰 교수는 "로마 시민들은 공중목욕탕으로 목욕을 하러 갔습니다."라고 말한다.

또 하나, 로마의 저렴한 임대 주택에는 없는 것이 있었다. 바로 화장실이다. 사람들은 집에서 볼일을 봐야할 때 요강을 썼고, 그 속의 오물을 창문을 통해 비웠다. 폐품이나 쓰레기를 처리하는 방법도 별반 다르지 않았다. 물가든 숲 주변이든 이곳저곳에 저절로 폐기물 처리장이 생겨났다. 이런 상황은 폼페이 같은 작은

고대의 도시 ·· 전면에 있는 건물에 늘어서 있는 상점들 사이 복도를 지나면 넓은 집에 당도한다. 기원전 2세기 폼페이에 지어진 '카사 델 파우노(목신의 집)'는 그대로 보존된 수많은 벽화들과 치장벽토 장식, 바닥 모자이크 등으로 우리에게 깊은 인상을 준다.

도시들의 위생 상태를 위험한 지경으로 몰고 갔으며 도시의 건물에 세들어 사는 가난한 사람들에게는 더욱 심각한 영향을 미쳤다. 로마에는 높이가 20미터 가량인 6층이나 7층짜리 다세대주택들이 곳곳에 자리잡고 있었다. 이런 공동주택들은 '인술라이(섬)'라는 무척 아름다운 이름을 갖고 있었지만 실상은 그런 행복의 섬과는 전혀 거리가 멀었다. 약 100만 명의 로마인들이 그런 인술라이에 살았는데, 대개는 숨이 막힐 정도로 좁고 외풍이 셀 뿐 아니라 늘 습기에 차 있었다. 또한 언제나 거리에서 올라오는 배설물과 쓰레기 냄새를 맡아야 하는 곳이었다. 이런 셋집들은 사람들이 재빨리 돈을 벌기 위해 투기하는 대상 중 하나였

부채꼴 도시 ·· 1739년에 한 조감도에 그려진 카를스루에. 변방백 카를 빌헬름 폰 바덴-두어라흐는 1715년에 이 바로크 계획도시의 초석을 놓았다. 팔각의 탑과 둔각으로 뻗어 있는 성의 양 날개는 오늘날까지도 도로망을 결정짓는 이 도시의 부채꼴 구성의 출발점이 되었다.

다. 따라서 이러한 집들은 신속하고 저렴하게 지어졌고 이로 인해 종종 치명적인 사고를 불러왔다. "로마의 시인 마르티알리스는 언젠가 로마에서는 집들이 무너지는 시끄러운 소리 때문에 밤이면 잠을 잘 수가 없노라고 말한 적이 있지요." 라고 뷘셰 교수가 말한다. 그렇다. 새로 지은 건물이 무너지는 사고는 까마득한 옛날부터 있었던 것이다. 그리고 이미 이때부터 특정 지역에 많은 사람이 몰리는 경우 약삭빠른 수완가들은 돈벌이의 기회를 놓치지 않았다.

하지만 로마 시민들 중 춥고 습한 게르마니엔처럼 멀리 떨어진 요새 도시로 이주할 사람들은 좋은 집을 얻을 수 있는 가능성이 높았다. 그런 곳은 별로 인기가 없는 지역이기 때문에 그에 걸맞은 후한 우대정책을 폈기 때문이다.

허허벌판에 계획도시를 뚝딱 지어 올리는 일이 크게 유행했던 바로크시대에도 비슷한 일이 벌어졌다. 예를 들면 바덴-두어라흐의 변경백 카를 빌헬름이 사냥을 나갔다가 잠이 들었는데 중심에 성이 있는 화려한 도시를 세우는 꿈을 꾸었다고 한다. 이것이 그 도시에 '카를스루에(카를의 쉼)'라는 아름다운 이름이 붙여진 이유다. 그러나 아직은 그 도시에 살 시민들이 없었다. 그래서 카를 빌헬름은 1715년에 여러 특권을 보장하는 문서를 가지고 사람들을 그곳으로 불러들였다. 모든 정착민에게는 토지와 건축용 목재와 모래를 무상으로 제공하였고, 당시에는 결코 당연하지 않았던 종교의 자유도 누리게 해주었으며, 20년 동안 세금을 면제해주었다. 그리고 그 기간 동안 그곳을 통과하는 군인들에게 임시숙소를 제공해야 하는 성가신 의무도 덜어주었다. 게다가 이것이 다가 아니었다. "그렇게 제공된 자유와 특권과 면제와 예외는 제한하는 것이 아니라 더 확대하고자 하는 것이 카를 빌헬름 변경백의 공공연하고 진심어린 의지였다." 무슨 말이 더 필요하겠는가! 그것은 당연히 모두가 득을 보는 상황이었다. 신민들에게는 돈과 자유로 이득이 돌아갔고, 카를 빌헬름 변경백은 자신이 구상한 시대정신에 따라 대도시를 세울 수 있었다. 우리는 그곳에 있던 집들이 어떤 모습이었는지 지금도 아주 정확하게 알 수 있다. 그때는 절대왕정의 바로크

시대였기 때문이다.

이 지점에서 건축과 삶의 행복 사이의 상관관계라는 한 가지 흥미로운 심리적 요소가 등장한다. 전자가 후자의 조건인 것일까? 여러분도 직접 자신을 둘러싼 환경에 질문을 던져보자. "당신 인생의 꿈을 사진으로 찍을 수 있다면 그 사진에는 무엇이 찍히게 될까?" 은행계좌내역이나 듀얼 카뷰레터와 알루미늄 합금 휠이 장착된 최신식 자동차 사진보다는 푸른 초원 위의 집 한 채 그리고 마당에서 놀고 있는 아이들의 모습이 있는 사진이 훨씬 많을 것이다. 시시하고 상투적으로 느껴지는가? 그렇지 않다. 오히려 이것은 삶에 대한 가장 확실한 동기부여가 된다. '가족이 함께 하는 집'을 위해서라면 우리는 고되게 일하고 온갖 불쾌함까지 참아낼 준비가 되어 있다. 건축이란 단순히 비와 추위를 막아주는 것만이 아니라 물질로 구현된 삶의 행복이기도 하다.

그러나 유감스럽게도 그 반대의 상황 역시 성립한다. 전 세계의 뉴스를 보면 인간다운 주거 환경이 갖춰지지 못한 상황이 얼마나 많은지 알 수 있다. 과다한 인원이 밀집된 아프리카의 난민수용소에서 발생한 인종갈등, 골함석으로 집을 지은 남미의 빈민굴에서 벌어진 조직폭력배들의 범죄 행위, 서안지구의 쇠락한 팔레스타인 마을 출신의 자살 폭탄테러범, 프랑스 교외지역의 폭력적인 청소년들은 또 어떤가. 오늘날 파리 근교의 아파트촌보다 충분한 빛과 공기, 생활의 편리함이라는 기초적인 조건들이 최악의 상태에 이른 곳은 드물다. 그곳에는 바리케이

옆 페이지 **빌바오 효과** ‥ 독특한 형태가 시선을 끄는 바오 구겐하임 미술관은 1997년에 준공된 이후 자석처럼 방문객들을 불러들이고 있다. 이 미술관은 뉴욕 구겐하임 미술관의 달팽이 모양을 이어받기는 했지만, 여기서는 나선이 조각조각 해체된 뒤 완전히 새로운 형태의 조형적인 건축물로 우뚝 솟아 있다. 이를 통해 명확한 형태를 기초로 하는 근대 건축의 개념에서 탈피하여 해체적 건축의 고전적 작품이 되었다.

빌바오 구겐하임 미술관

건축가 프랭크 게리
건축 시기 1993년~1997년
특징 스페인의 빌바오 구겐하임 미술관은 뉴욕 구겐하임 재단의 일부이자, 바스크 지방의 도시 빌바오의 도시재개발 계획의 핵심이었다. 이 미술관의 다면적인 공간 구성은 20세기의 미술에 맞추어 설계되었다. 건물 자체는 복잡한 철골구조물에 사암벽과 넓은 유리벽, 그리고 쿠션처럼 둥글게 부풀린 얇은 티타늄판을 입혀 완성했다. 이 건물의 굴곡진 형태는 원래 항공 산업에서 사용하던 컴퓨터 프로그램을 동원해 계산한 것이다.

드를 불태우는 이미지로 사람들에게 인식되어 있고 사회적으로 불리한 입장에 있는 소수자들이 주로 살고 있다. 도시의 삭막한 콘크리트 사막에서 사는 사람들에게 이러한 문제는 정말로 심각하다. 만약 그들 중 누군가가 성공을 이뤘다면, 더 나은 지역으로 이사를 하겠다는 결심이 최초의 계기였던 경우가 많다.

그렇다면 삶의 질에 대한 모든 책임이 건축에 있다는 말일까? 꼭 그렇지는 않다. 하지만 건축은 삶의 꿈이라는 이미지와 실제 주거환경이 얼마나 많이 동떨어져 있는지를 가차 없이 보여주기 때문에 사람들의 불만을 더욱 높이는 역할도 한다. 이때는 자신이 사는 집뿐 아니라 인근의 주거환경도 기준이 된다. 똑같이 좁고 작은 집이라도 음침한 교외 지역에 있는 것보다는, 개성 있는 상점들과 깔끔한 와인가게와 채소가게, 깨끗한 놀이터와 향기 좋은 주점이 있는 활기찬 동네에 있는 쪽이 훨씬 더 좋은 상태를 유지할 수 있다.

스페인 북부 바스크 지방의 빌바오는 건축이 삶에 대한 태도를 완전히 긍정적인 방향으로 바꿔놓을 수 있음을 보여주는 아름다운 사례다. 이 도시는 광산 지역에 위치하고 있어 산업의 중심 도시 중 하나였고, 연기를 내뿜는 제철소와 용광로가 도시를 대표하는 이미지로 각인된 곳이었다. 그러나 1970년대에 공업이 쇠퇴하기 시작하면서 빌바오는 칙칙하고 지저분하고 미래가 보이지 않는 곳이 되었다. 이런 상황에서 바스크 정부와 솔로몬 R. 구겐하임 재단이 만난 것은 단순한 행운이었을까? 아니면 앞을 내다보는 뛰어난 혜안이 작용한 것일까? 전자는 앞으로 빌바오가 발돋움할 길을 찾고 있었고 후자는 구겐하임 미술관의 분관을 낼 만한 흥미로운 장소를 물색하고 있었다. 이렇게 하여 바스크 전 지역을 열광에 빠뜨리게 될 빌바오 구겐하임 미술관의 건축이 마침내 1993년에 시작되었다. 이제 이 현대미술관은 스페인 북부를 여행하는 모든 관광객에게는 반드시 가봐야 할 장소가 되었다. 시내에서부터 걸어서 이 건물에 다가갈 때 가장 짜릿한 경험을 할 수 있는데, 특히 좁다란 이파라기레 거리를 통과해가는 것이 제일 좋다. 특별할 것 없는 주택들로 이루어진 골짜기의 저 끝 너머에서 미술관은 좁다란 틈새로 겨우 그 일부만 보일 뿐인데도 사람들로 하여금 커다란 기대를 갖게 만들며 햇빛을 받아 빛난다. 한 걸음 한 걸음 다가갈수록 서서히 그 모습이 조금씩 드러나지만 아직 전체의 모습을 볼 수는 없다. 그러다가 혼잡한 도로에서 벗어나 미술관 앞의 탁 트인 공간에 들어서는 순간, 사람들은 저절로 숨을 멈추게 된다. 반짝이는 티타늄을 입힌, 서로 관통하며 얽혀 있는 듯한 통 형태의 거대한 부분들, 물결처럼 굽이치는 벽들, 선체와 같은 지붕 구조물은 그야말로 압도적인 장관이다. 미국의 스타 건축가 프랭크 게리가 네르비온 강가에 지은 이 건물은 빌바오 도시 전체를 바꿔놓았다고해도 과언이 아니다. 매년 100만 명이 빌바오를 방문하고 그중 60퍼센트가 외국인이다. 그전까지는 단 하나의 건축물이 이 정도로 흡인력을 발휘한 경우는 거의 없었다. 이 때문에 건축에 의해 일어난 경제적 호황을 나타내는 '빌바오 효과'라는 말까지 생겨났다.

이제 철학으로 이 책을 마무리하려고 한다. 영국에 살고 있는 스위스인 작가 알랭 드 보통이 《행복의 건축》이라는 아주 멋진 책을 한 권 썼다. 거기에는 이 책을 끝맺기에 아주 적절한 말이 담겨 있다. "드문 경우이기는 하지만 그것을 세우는 데 얼마나 많은 노고가 들어갔는지를 몸소 보여주는 건물이 있다. (……) 두 개의 창이 일직선상에 똑바로 설치되도록, 등이 계단참 위에 균형이 맞게 달리도록, 보일러가 필요한 때에 작동되도록, 콘크리트 기둥이 아무 저항 없이 천장구조물의 무게를 지탱하도록 하기 위해 건축자재와 일꾼들을 우리의 의지에 따라 움직이게 하는 것이 얼마나 힘든 일인지는 우리 자신이 직접 집을 지으려는 시도를 해봐야만 비로소 깨달을 수 있다."

그런 의미에서 우리는 이 책의 끝에서 마르쿠스 아그리파, 브루넬레스키와 미스 반 데어 로에, 프랭크 게리 같은 이들의 천재적인 설계를 실제로 구현해주었던 그 모든 이름 없는 건설노동자들과 기술자들, 엔지니어들, 구조역학자들, 장인들에게 경의를 표한다. 여러분은 정말 멋진 일들을 해냈습니다!

Q&A 어떤 건물에서 사람들은 편안함을 느낄까?

사람들이 건물에서 편안함을 느끼도록 하는 가장 중요한 요소는 비율이다. 건물과 공간의 치수는 사람에게 적당히 맞아야 한다. 하지만 고층 건물의 경우 이것이 반드시 지켜지지 않을 때도 있다.

일반적으로 벽돌과 목재가 콘크리트보다 더 따뜻한 느낌을 준다. 재료의 단위나 크기 역시 영향을 미친다. 예를 들어 똑같이 석회 반죽을 바르거나 콘크리트를 부어 만들어도 커다란 벽 하나보다는 벽돌이나 자연석 조각을 덧붙인 벽이 훨씬 더 편안한 느낌을 주는 경우가 많다. 한 공간이 어느 정도의 규모를 넘어서면 사람을 밀어내는 듯한 인상을 주기 때문에 바로크시대의 거대한 성들은 공간을 구성할 때 여러 개의 방들을 덧붙이듯이 배열했다.

또한 사람들은 그 외관만 봐도 기능을 바로 짐작할 수 있는 건물 안에서 편안함을 느낀다. 다시 말해 특정한 기능은 특정한 건물 형태로 이어지고, 그 형태는 어떤 식으로든 그 기능의 표준이 된다. 기차역을 예로 들어보자. 기차역은 세계 어느 곳을 가더라도 기본적으로 비슷하게 생겼다. 누구나 익히 알고 있는 그곳만의 기능이 있기 때문이다. 사람들은 이러한 장소에서 편안함을 느낀다. 반대로 양수장처럼 보이는 교회가 있다면 그곳을 방문한 사람들은 아마 마음이 불편해서 기도를 하지 못 할 것이다.

한 가지 더 이야기하자면, 사람들은 집으로 들어갈 때 지하주차장을 통해 들어가는 것보다 1층에 있는 문을 통해 들어가는 것을 훨씬 더 좋아한다. 즉 대부분의 사람들은 기능이 명확하고 이를 납득할 수 있는 건물에서 편안함을 느낀다고 할 수 있다.

Q&A 꼭 한 번 가봐야 하는 세계의 건축물 거리

오스트리아 빈의 링 거리

19세기에 빈의 도시 정비사업의 일환으로 장대한 길이 생겨났는데, 바로 동그란 모양으로 도심을 둘러싸고 있는 링(Ring) 거리다. 1.5킬로미터에 이르는 이 거리에는 중세 후기부터 오늘날까지 지어진 빈의 대표적인 건축물들이 마치 진주목걸이에 꿰인 진주알들처럼 줄지어 있다. 그중에서도 가장 인상적인 건물은 1869년에 문을 연 네오-르네상스 건축물인 빈 국립오페라극장이다. 그 뒤로는 고전주의 건물인 알베르티나 미술관이 자리한다.

국립오페라 극장에서 조금만 더 걸어가면 호프부르크 왕궁이 있다. 합스부르크 왕가의 이 왕궁은 약 800년에 전에 건축된 것이다. 이곳에서 바로크 건축가 요셉 에마뉴엘 피셔 폰 에어라흐가 지은 스페인 승마학교를 볼 수 있다. 그리고 왕궁의 맞은편에는 고트프리프 젬퍼가 건축한 미술사박물관과 빈 박물관지구가 있다. 도보로 또는 트램을 타고 이동할 수 있는 링 거리의 건축 산책은 의회와 시청, 대학, 그리고 젬퍼가 지은 부르크극장으로 마무리된다. 고대의 건축물도 함께 경험하고 싶은 사람이라면 링 거리 바로 옆 시민공원(폴크스가르텐)에 가서 그리스 신전을 본따 만든 축소판 신전을 감상해보자.

이탈리아 로마의 카피톨리누스 언덕

로마의 일곱 언덕 중에서 가장 작은 언덕인 카피톨리누스(깜삐돌리오) 언덕은 고대 로마부터 19세기까지 건축학적으로나 역사적으로나 중요한 역할을 해온 장소다. 가파르게 솟은 이 바위 언덕은 이미 고대에 요새로 건설되었다. 법률, 협정, 칙령 등을 수집한 로마제국의 국가문서보관소인 '타불라리움'이 로마공화국 시기에 지어지기 시작했고 타불라리움의 넓은 토대 위에 르네상

빈 박물관지구 ·· 2001년 빈의 링 거리에는 수많은 문화시설과 박물관 들이 모여 있는 박물관지구가 생겼다. 그중 레오폴트 박물관은 세상에서 가장 많은 에곤 실레의 작품을 볼 수 있는 곳이다.

스 건축가 미켈란젤로의 설계로 현재 시청사로 쓰이는 세나토리오 궁전이 세워졌다. 카피톨리누스 언덕에는 누오보 궁전과 콘세르바토리 궁전이 있는데, 오늘날 이 두 곳은 각각 카피톨리누스 미술관과 콘세르바토리 미술관으로 쓰인다. 특히 카피톨리누스 미술관에는 유명한 가시 뽑는 소년상과 로물루스와 레무스에게 젖을 먹이는 암늑대상을 비롯하여 수많은 고대의 조각품들이 소장되어 있다. 이 궁전들을 연결하는 지하 통로도 미술관의 일부인데, 여기에서는 고대의 '타불라리움'의 토대 부분을 볼 수 있다.

독일 뮌헨의 구시가

전 세계에는 가볼 만한 멋진 건축물들이 무척 많다. 그러나 건축을 공부할 때 중요한 것 중 하나는 다양한 시대와 스타일의 건축물들이 함께 존재하는 곳에 가보는 것이다. 이런 체험을 하기에는 지극히 평범한 도시가 좋다. 예컨대 뮌헨의 구시가에 가서 건물들을 한번 자세히 살펴보라. 그곳에 있는 모든 건

207

물들이 오래 전에 지어진 것은 아니다. 고풍스럽게 보여도 사실 전쟁 뒤에 복원한 건물인 경우가 많다. 이곳에는 비교적 최근에 증축된 오래된 집들, 고전주의 건물들, 현대적인 건물들, 성의 없이 지어진 건물들 등 다양한 건축물이 존재한다. 이 모든 건축물들이 함께 거리와 도시를 이루고, 수세기에 걸쳐 잘 이어져온 창조의 역사를 표현하고 있다. 이것이 바로 건축이다.

Q&A 꼭 한 번 가봐야 하는 세계의 건축박물관

독일 프랑크푸르트의 독일건축박물관

독일건축박물관에는 폼페이의 포룸과 런던의 수정궁, 맨해튼의 스카이라인을 비롯한 24개의 거대한 건축 모형이 있다. 관람객들은 이를 통해 건축의 역사를 한눈에 볼 수 있다. 또한 이곳은 건물 자체에도 역사가 담겨 있는 곳이다. 이 박물관은 원래 19세기 마인 강가에 지어진 오래된 주택이었으나, 건축가 오스발트 마티아스 웅어스가 그 안에 흰색 철근콘크리트 건물을 세워 박물관으로 개조한 것이다.

프랑스 파리 건축문화재단지

에펠탑에서 걸어서 몇 분이면 닿는 거리에 세계 최대의 건축박물관이 있다. 프랑스 건축의 중심지인 이곳에서는 랭스와 샤르트르, 스트라스부르, 파리의 중요한 대성당들의 정문와 박공 조각 등 프랑스의 기념비적인 건축물들의 모형을 전시하고 있다. 특히 눈길을 끄는 것은 르 코르뷔지에의 위니테 다비타시옹의 방 3개짜리 아파트를 재현해놓은 것이다.

독일 바일 암 라인의 비트라 캠퍼스

수많은 스타 건축가들이 디자인회사 비트라(Vitra)에 흔적을 남겼다. 1981년부터 이곳에 지어진 건물들을 보면 현대 건축의 흐름을 한눈에 조망할 수 있다. 프랭크 게리는 비트라 디자인박물관을 지었고, 여성으로는 최초로 프리츠커 상을 수상한 자하 하디드는 소방서를 지었다. 그외에도 장 프루베, 안도 다다오 등의 여러 건축가가 이곳에 건물을 지었으며, 2010년에 프리츠커 상을 수상한 일본의 건축팀 SANAA 역시 최근 새로운 공장 건물을 완성했다.

인명 색인